妈妈，你慢慢来

信任孩子的尺度

王理书◎著

廣東旅游出版社
GUANGDONG TRAVEL & TOURISM PRESS
悦读书·悦旅行·悦享人生

中国·广州

图书在版编目（CIP）数据

妈妈，你慢慢来 / 王理书著. — 广州 ：广东旅游出版社，2016.10

ISBN 978-7-5570-0473-6

Ⅰ. ①妈… Ⅱ. ①王… Ⅲ. ①家庭教育 Ⅳ. ①G78

中国版本图书馆CIP数据核字(2016)第216478号

广东省版权局著作权合同登记号：图字19-2016-185号

妈妈，你慢慢来

Mama,Nimanmanlai

广东旅游出版社出版发行
（广州市环市东路 338 号银政大厦西楼 12 楼　　邮编：510180）
印刷：北京嘉业印刷厂
（地址：北京市大兴区黄村镇李村）
广东旅游出版社图书网
www.tourpress.cn
邮购地址：广州市环市东路 338 号银政大厦西楼 12 楼
联系电话：020-87347732　　邮编：510180
880 毫米×1230 毫米　32 开　7.5 印张　135 千字
2016年10月第1版第1次印刷
定价：36.00元

目录

第05章 用自由支持孩子的学习

第06章 用成长陪伴孩子的成长

第07章 用尊重保护孩子的灵性

第10章 最重要的是爱、信任和自由

第11章 “慈爱国王”是最好的父母

第12章 守护心灵的12个甜蜜游戏

前言

圆满的不完美

我常开玩笑说：“因为我当母亲时，年纪比较大了，所以面对孩子的不理性比别人多了些耐心。”现在想想，其实不完全是因为年纪大，耐心的本源是内在的安定，以及对生命的信任。这种“无论发生什么都可以转化为祝福”的深刻信任不是凭空掉下来的，而是在跨过生命的一道道门槛后淬炼出来的圆满心。圆满心就是带着信任，越来越娴熟地把每个生命给予我们的挑战，通过转念及疗愈自身，将其转化为机会与祝福。

门槛与礼物 1：留级与没有分别的对待

高一升高二那年，我因英语、数学补考没过留级了。自小成绩好、没经历过挫败的我，第一次品尝了大挫败。

挫败像一堵墙一样让我不敢继续前行，但跨过这道门槛后，它引领我进入了另一个境界。我是如何跨越的呢？支持我跨越的力量又是什么？回顾这段经历，我明白那是来自父母无条件的爱、周围的友谊，以及“一个充满学习动力，重视合作和创作的班级”。“无论我发生了什么事，就爱我原来的样子”，是这段经历留给我的内心深处的信念。

“留级”对幼小的我而言是个大灾难，是丢脸的。留级后开学的第一天，我怀着忐忑不安的心情，一直在别扭着自己学号的第一个数字与其他同学不一样。我到底会被怎样看待呢？真是如坐针毡。

结果，什么都没发生。随后发生的每件事情，都与学号无关。爸妈没有斥责过一句，身边的同学也把我当成普通人，我们的欢喜哀愁都与留级这个标签无关，而是真实自然的互动……没有想象中的排斥与轻视，不到一个月，我便喜欢上了新的班级，心情也放松下来，很快进入学习状态，英语、数学两科之前学不会的章节或关键点，也一下子通了。那么，是什么让我把这道门槛转化为礼物的？除了自己要为自己的功课负起责任，就是父母、老师以及同学们给予我的“没有分别的对待”，这就是无条件的爱。

从这道门槛中我得到了一份礼物：无论做错什么或出了什么意外，我的背后永远有接纳和依靠。我需要承担的只有自己的责任，以及努力的决心。我只要承担事情本来的后果即可，没有额外的人际苛责，也不会失去爱。

门槛与礼物 2：父亲的骤逝与真实自我萌芽

父亲的骤逝是我最难渡过的关卡，哀痛而破碎的心花了 10 年的时间才真正放下，学会用圆满心接受缺憾。那年我 29 岁，在没有预期的情况下，因突然的脑中风，父亲在大脑手术后躺在了加护病房，并且再也没有机会睁眼开口与我们说话。在很冷的元宵前夕，我们用救护车护送他回家，那是送终与心碎的起点。

这段经历带给我的，不只是心碎，还有人格的破碎与重整，我的人生从此开始由灵魂带领，走上了一条与往昔截然不同的道路。我一直相信，只要乖乖地努力沿着轨道走，前方就会是稳定的人生。父亲骤逝后，我明白了，即使人生再安稳平安，那个忽然失去的空缺，以及没见着最后一面的愧疚，也会压着我一辈子。

之前我不曾正视甚至不曾感受到的“自我需求”以及“与现实生活的距离感”，忽然变得清晰起来。迟来的生涯意识觉醒了，我第一次问自己“想要什么”，而不是“父母需要什么”。

我忽然有了一种力量，使我能辞去高中教师这份工作，背弃母亲的期待，离开故乡出国念书……这虽然有悖于普通家庭出身的我曾认为的“人生，只要安稳、安定就好”的信念，却抚慰了我的心碎，展开了新道路，给予我追寻自我的能量，刷新了我。在美国读书的那几年，我经常感觉父亲像守护神般默默地看着我。

哀伤随着时间的流逝渐渐淡去，而当我再次打开“父亲骤逝”这个盒子，得到了一份叫作“更自由人生”的大礼。我学会了放手，让旧的自己随着父亲离去而消解，开始聆听真实自我的声音与渴望，即使与旧我是冲突的，也毫不退缩，并想办法在与旧我沟通的过程中实现新的自我。这番打开，造就了今日的我。

门槛与礼物 3：婚变与真实的我

父亲骤逝，我哀痛、困惑，渴求被聆听。而我当时的恋人，也就是后来的丈夫无法聆听这份哀伤，我想逃离，又想挽回，最终放弃了婚姻。这是一个很长的婚变故事，过程中有无数的挑战与祝福，而我学到的是：以为会导致灾难的真实内心，其实是在引领幸福。那场不确定却走入的婚姻，在 4 年后以离婚收场，但我并不把它定义为失败，反而很感激在这个过程中彼此真心真情地相互对待。

在同意离婚时，我给了自己一份“放手会更幸福”的礼物。因为内在真实的自我是无可估量的，比我以为的自己更有力量，而借由离婚与再婚，真实自我被唤醒了。

这道门槛带给我的最大礼物是信任。要信任：所有的意外都是化了装的礼物，只要我能勇敢拆掉由幻象包装的外表，尽力打破自己，拿出更多的力量与能力，就能获得里面的礼物。

门槛与礼物 4：心理咨询师资格证考试与更大的自己

37 岁那年，我正怀着第一个孩子，得知原本在台湾执业无需资格证的咨商辅导要改革了。当时我已经以“咨商员”的身份执业 6 年，最明智的做法是报考心理咨询师特考拿到资格证继续执业，但我像是来到一个生涯转换的抉择点，想重新选择人生道路。

29 岁辞去高中教职，就是梦想成为咨商辅导员，37 岁的我却因考试想放弃，一点都不怕考试的我，想要什么？那年，喜欢叙事治疗的我，为此写了篇论文，通过生命回顾和反思，我做出了离开心理咨商业的选择。我会继续做亲子教育，也不会放弃自我疗愈，然而我的新方向是什么，在当时尚未可知。

我在论文中提道：“如果我还要继续从事助人工作，我心中认定的老师是谁？答案是：信仰。”无论是身为妈妈，还是老师、作家、讲师……我觉察到，忠于真实的自我并信任上天的安排，是支持人们度过困境的力量。而这份信任，就是要活出“超越平日的自己”，我称之为放手让灵魂来带路的活法。通过这道门槛，我得到了一份与“灵性自我连接”的大礼，与“更大的自己”相遇，与“更大的智慧”携手前行在人生路上。

教养的核心信任

我的生命通过跨越一道道门槛而丰满起来。这些表面化装为难关、门槛的礼物成了来渡我的一艘艘小船，支持我航向“圆满”。所谓的圆满，不是没有考验或诸事平安的人生，而是无论发生什么动荡都有信任来领航。离婚时，从社会角度看我是个婚姻失败的女人，我也承受着离婚的哀伤以及前途未卜的彷徨……然而走进我的内心深处，那里以灵魂的眼睛来看事情，没有担忧，只有接纳，以及希望——相信“一切所谓的苦都会通过，而自己会被淬炼得更成熟而有力量”。

通过跨越门槛而拥有的信念系统，让 37 岁才当妈妈的我，获得了超越凡俗的淡定。当担忧来到我这里，生活依然会有起伏，但从不会失去充满希望的信任。不仅信任孩子会通过，也信任一切都是上天最好的安排。

如果父母是孩子早期的领航员，要为孩子驾驶生命的第一段湍流，那父母所依循的世界观，就会成为孩子最基本的人生框架。

现实知识与社会观点都是孩子必须学习的，却不必成为其人生指引，这会窄化孩子的灵性。若忽视凡俗规范并偏离于社会，只用灵性的超脱来教导孩子，又会过于缥缈而脱离了生活现实。通过十几年的摸索，我找到了父母的平衡位置，那就是让自己的存在意识扎根于灵性的圆满心中，务实却不受限地带领孩子学习现实与社会的种种。因为立足于信任，所以当孩子表现落后或行为偏常时，父母依然能安之若素，并怀着信任来调整方向，跨越困境。这样一来，焦虑无从掌舵，社会标准也不会成为人生的罗盘。每个孩子都是独特的，有属于自己的成长进度，在孩子跟不上学校进度或达不到他人期待时，若父母能不因这落差而焦虑，而能充分表达信任，就是最能脱困的行动。不评断孩子，只单纯地同孩子一起练习与改变，是最轻盈的前进方式。

我们在锤炼孩子社会能力的同时，需要呵护、鼓舞他灵性的力量，帮助他展现出生命本质的天分。在本质上，每个孩子都拥有巨大的潜能，深埋在世俗无法触及的心灵领域。这才是孩子的与众不同之处。在新时代，社会在不断变革，是否拥有自身独特的才华与成熟的社会智慧，几乎是评判一个人成功与否的最佳指标。然而,灵性的成功,源自在失败与努力的过程中消解的旧结构，转化的新观点，还有那淬炼得更纯净、坚韧、有力的性格。这些灵性成功的累积，终究会促成世俗的成功。

立足于圆满的亲子教育

有谚语说："每段旅程的终点都是幸福的，如果你还感受不到，那就是你的旅程尚未到达终点。"我喜欢经典卡通故事《小英的故事》，里面讲述了小英和妈妈及一条小黄狗，一起搭着敞篷车，帮人照相赚取旅费，要去投靠爷爷的故事。故事中最赚人眼泪的桥段，就是妈妈在旅途中重病与小英死别那段，妈妈对小英说的最后一句话是："孩子，我已经把你教导成会带给人幸福的人了，你一定会幸福的。"这一幕让身为母亲的我震撼许久。这就是立足于圆满心的亲子教育，在看似人间悲剧的撒手时刻，母亲给予的却是凝视着未来幸福终点的目光。通常妈妈们很难在这种时刻不担心，不忧虑。我相信小英的母亲也有担忧与不舍，然而她并没有紧抓这部分。她知道女儿会面临困难，却选择信任她："孩子，你一定会幸福的。"对孤儿而言，这份祝福力量巨大，信任与爱成为领路之泉，将穿破表面困境来滋养生命，给予孩子力量，如黑夜前行路上的明灯。

这本书是立足于圆满的亲子教育读物，无论孩子带着几分的考卷回家，无论孩子在学校遭受了怎样的委屈，无论父母内心的情绪纠结得多深，要相信"每段旅程的终点都是幸福的"，请父母让这份圆满心成为内心的常驻之光与永恒之泉。无论孩子带回家的消息是什么，都能安稳地承接，并以信任来敞开心扉，面对困难，那么幸福就已经在信任与面对中来到了。

让真实自我萌芽，长出更真实的自己，意识到我们在一个比肉眼所见更大的美好能量世界中。于是这样的母亲或父亲，就能自然地支持孩子长成独特、真实并自信洋溢的人。

第01章 用转念守护孩子的情绪

哭泣的孩子为何伤心

在女儿旦旦 7 岁那年暑假，由于要省电，我们全家同睡在一个小房间。爸爸睡在单人床上，我和两个孩子则窝在床边的小地板上，虽然挤了点，但我们仨乐得在冷气房贴身而眠，安全又温馨。

后来，台风来了，天气渐转清凉，不开冷气就能睡了。喜欢一个人睡的爸爸，移到了另一个房间，树也跟着过去了。旦旦这时则无所适从："妈妈，我还想要三人睡在一起。"而我因为太累了，并没有回应她的需求，一翻身就睡着了。几分钟后，我听到啜泣声，她坐在墙角哭泣着。

我突然有了一个灵感，对她说："你坐在这里哭，就像被蜘蛛网困住的小昆虫。可是，你知道吗？那只结蜘蛛网的大蜘蛛，也是你。你的想法，就像蜘蛛丝，一条条地把你缠住了，使你掉进了不知怎么办的伤心、无助中，就像被蜘蛛捕获的小昆虫。找到你的能量，把那些困住你的想法，也就是蜘蛛网融掉，你就自由了。”

旦旦不哭了，抬起头看我。我说：“你知道现在最最重要的念头是什么吗？”她摇头。我说：“第一，哥哥还活着。第二，你还活着。第三，爸爸还活着。第四，妈妈还活着。第五，我们互相信任，之间没有误会。第六，我们都住在一起。”她边听边点头，不哭了。我说：“去吧！做个选择，看你要睡哪个房间，我们都欢迎你。”于是她跑去哥哥旁边睡，我也很快入睡了。夜半睡得半梦半醒时，她又跑回来了：“妈妈，我在那边睡不好。”我说：“那就来我怀里吧！”我轻轻拥着她睡去了。

“你既是被蜘蛛网捕捉的小虫子，又是编织网的蜘蛛”。这个比喻，对孩子来说很容易理解。那张蜘蛛网，是自怜的想法编织出来的，也是我们内在限制性的念头。外在的情境能否困住我们，就看我们是否把自己与自怜的念头捆绑在一起了，我们若能与念头保持距离，换个念头或换个感受方式，就有可能离开。可以在孩子被情绪困住时，问他：“那个让你哭或伤心的想法是什么？当你感觉……之前，是怎么想的？”“可以告诉妈妈（爸爸），在你难受之前脑袋里在想什么吗？”

情绪的结果＝外在的事实＋困住自己的想法

不要太快去安抚有情绪的孩子，也不要指责他情绪或孩子气的想法……让孩子明白，他可以听见自己、了解自己，可以找到那些把自己困住的想法，可以学会调节自己的情绪。这是让孩子拥有力量的关键态度。

当孩子认为你偏心时

旦旦两岁时，有一天，如同平常一样坐在我腿上，树在一旁骄傲地拿着一卷纸，里面有他的画。

她伸手拿了哥哥的画，哥哥一把将纸卷抓回自己手上，动手打了她一下。她很天真，没表现出任何受冒犯或受伤的样子。身边的爸爸看见了，说了一声：“树，不可以那样。”树吸了几口气，哭了出来：“这是我的东西。”

我问：“树，你很生气，是吗？”

树：“嗯。”

我：“你气什么？气旦旦拿了你的东西？还是气旦旦常常一个人被妈妈抱？”

树深吸了一口气："两个都有，我气她没过问我就拿我的东西，不公平。"

我很好奇："喔，你感觉不公平的地方有哪些？你可以平静下来说一说吗？"

树说了三件事，越说越平静。他说完第三件事，就完全平静下来了。

他说："就是，旦旦常常可以一个人被妈妈抱，我不行。我要拿旦旦手上的东西都要先问过她，而她却不用问我。还有，上一次在这里吃面包的时候，旦旦吃两片，我只吃一片。"

老实说，他的确有些误会，而我不急着解释，只是平静地，用"是喔"来承接他内在真实的主观想法，并暂时放下我知道的客观事实，在第一瞬间接纳孩子，这是让孩子平静下来的第一步。这就是树的想法，一个 5 岁半男孩内在真实的想法。结束后，我说："真好，你说出来了，妈妈听见了，以后我会认真创造机会单独抱你。还有，妈妈教过旦旦，拿你的东西也要问过你。看来她还没学会，妈妈会一直教她，直到她学会为止。妈妈很高兴，你比她先学会拿别人的东西要先问过。另外，面包的事情我忘记了，你如果要吃两片，就跟我说，好吗？"树听完后很放松。对一个 5 岁半的男孩来说，这些零碎小事，就是他的重大事件——攸关手足间平等感受与确信被爱的重大事件。有这样一个机会来响应他内在的委屈，我心存感激。

时至今日，兄妹俩如此和谐相爱，也许就是我们妥善处理了这些小细节，让两个孩子可以没有心结地学会相让相爱。当树在抱怨不公平时，我就一一聆听，即使他有些小误解，我也都说：

“真好，你说出来了，我听见了喔！”

“喔，原来你是这么想的。”

“我很高兴你已经做了……”

“我们可以这样改善……”

这 4 个句子（步骤），以及“爸妈愿意为你改变”的意愿，能让孩子感受到被支持、被爱，也能鼓舞他表达出内在的真实。这样孩子就能保持敞开，愿意把内在世界对外分享，这一点非常重要。

其实，对年幼的孩子而言，父母如同神一样巨大。孩子吐露自己的负面想法时，我们要充满爱，孩子的脆弱就会被温柔与力量承接。若父母能暂时把自己认知的世界放到一旁，先以孩子的主观世界为凝视的对象，并同意他：“你说的，我都听到了。”如此，孩子便会感受到被信任与被爱，这会帮助孩子更相信自己，对自己有更多的肯定。如此，孩子以后也可以这样陪伴自己的脆弱，而不会贬低或压抑它们；或者，为了忽视、不想感受脆弱，而把自己变成无感、心灵力低弱的成人；或者，累积过多的脆弱未表达，最后包裹上愤怒与怒意，投射到他人身上。

接下来，我会积极响应孩子，并且不会疏漏他可以负责、可以行动的地方。积极鼓励孩子并让他明白，借由让他换个想法，他就可以改变自己的感受，让自己有更多的权利和力量展开行动。最后，只有当孩子在认知上有误解，与我们的认知相差太远时，我们才需要解释。父母要创造一个环境，让孩子学习相互支持、彼此爱护，而不是相互竞争。

安抚孩子闹情绪背后的想法

记得我怀旦旦时，曾让树帮忙拿抱枕给我而他不肯，我就落泪了。那是怀孕时的脆弱敏感，看到孩子因为妈妈哭而无助的神情，我说："妈妈哭，是因为当你拒绝时我想着你可能不爱我。其实，你爱不爱我跟你这一次不帮忙没有必然的关系，现在妈妈想清楚了这点并相信你的爱，就不哭了。"

知觉自己是如何诠释当下情境并产生感受的，是管理情绪的基本认知。

所有让我们受苦的情绪，其背后都有个让人受苦的故事，而我们正是身在其中的受害人。这故事在我们内心每回放一次，我们就又受伤一次，当旧的伤一再戳痛我们时，记忆就会凌驾于外在情境之上了。让孩子学会认知并管理情绪的最简单方式，就是父母身体力行，以身作则地为自己的情绪负责。

6 岁的树已具备基本的认知能力，我便将“情绪负责”的概念传递给他。当他有情绪时我会问：“是什么造成你有这样的感受？”有一次全家要出门，大家已经走到了公寓的电梯口，他临时要回家找袜子，然后哭着走出来，手上并没有袜子。我回去帮他找到了一双袜子，然后我们就急着上车了。在车上，我问：“你的什么想法让你哭？”他没有听懂。我又说：“你哭的时候，心里在想什么？”他回答：“我在想，为什么妈妈都不帮我洗袜子！”

听到这个让我喷饭的回答，我笑了出来。原来他是这么理解自己为什么找不到袜子的啊！这个想法真是符合他内心的伤啊，旦旦出生后他受伤的核心语言是：“妈妈不重视我了。”我笑了，跟他解释说，袜子都洗了，只是没放入抽屉而已。最后，我强调：“妈妈很认真地做家务，让大家都有干净衣服穿，有舒服袜子换，是我们相亲相爱的结果喔！”我觉得这是一份美好的经验，孩子未明的伤被说出来，并学习如何承担回归情绪的责任。母子俩还澄清了其他误会，而他隐藏的伤，也准备好要探出头来，让我陪伴。

从“不公平”到“我更有能力”

树在 6 岁时已经很熟悉“是什么想法让我伤心”。当父母的我们，接下来得让他的视野更宽广。孩子的不公平感，通常出于他局限的眼界，我们要学会接纳，如同接纳他跑得慢、长得矮一样。总有一天，他的视野一定会扩大，会更成熟理性。

珍惜孩子小时候的小眼界，可以让他学会尊重自己，这一点很重要。这能帮助孩子长出自己的力量，活出自己的道路。父母的下一步，就是清晰而温柔，带点趣味地把更大的世界打开，让孩子吸收。

某天晚上，爸爸催促树收拾房间，然后上床睡觉。不知怎么的，爸爸也没有多严厉，树就伤心得大哭起来。我一直耐心等到他哭得差不多了，才过去陪他。我请他转动几下眼珠子[1]，把他带回此时此刻，然后我问：“你的什么想法让你这么伤心？”

他：“我心里想，不公平。”

我：“你觉得妈妈爸爸只要求你整理房间，而没要求旦旦，很不公平是吗？”

“嗯。”他点头，被同理后，下一波伤心又出来了，又哭一回。于是我抱着他，思索如何陪他。

1　转动眼珠子，能帮助我们离开受困的认知状态。

我说:“是啊，看起来真的很不公平，明明都是这个家的孩子，为什么爸爸只要求你呢？妈妈不知道爸爸是怎么想的，但我可以告诉你我是怎么想的。我会叫你多做一些，是因为你能把工作做得又快又好。整理房间这件事，我不太敢叫旦旦做太多，因为她会把东西乱放，让我们都找不到。你看到没？虽然我们没叫她，但她其实也一直在帮忙，只是她还不够大，不会整理。我猜，她也许会羡慕你，‘妈妈怎么只叫哥哥做，没有叫我做？’”

我看着树，知道他听进去了。

我问:“你懂吗？”

他露出一种难以掩饰的得意笑容，说:“我懂。”

我说:“我觉得收拾房间最厉害的是爸爸，接下来是我，然后是你。有我们三个人，就搞定了。旦旦在这件事的责任就是，自己玩，不要吵我们，就是帮忙啰！”

这些解释让树释怀了，他又恢复成了快乐的小孩，站起来继续整理房间。在这期间，旦旦一直在房间里奔走，用她的小手，拎起一件件小物件问:“爸爸，这个放哪里？”让爸爸甜滋滋地笑着她的可爱。而我跟树也可以独处，说说贴心话，世界美好又安稳。

内心和谐地承接孩子的情绪

旦旦上小学一年级时，某个晚上，大家都很忙，兄妹俩都在写作业，爸爸在写个案记录，而我在写讲义。这时，旦旦一直跟哥哥说话，两人边聊天边写作业，进度慢极了。我说："先不要说话，两人安静地写完好吗？"

安静了几分钟后，旦旦问："什么时候可以大声说话？"没人回答。她又问一次："什么时候可以大声说话？"有耐心的爸爸回答："旦旦，这时候如果你想说话，可以小声说，不要大声说。"她说："那到底什么时候可以大声说话？"这时我抬起头来，发觉她眼中已充满泪水，盯着眼前的作业本。原来那是老师留的作业，作业有两个题目："什么时候可以大声说话"与"什么时候可以小声说话"。这时我才发现误会她了。

她哭个不停，即使我回应她"在操场可以大声说话，在人多吵闹时可以大声说话"，她还是无法平静下来。我请她坐到我怀里来，她过来了，仍一时无法停止哭泣。我以为她不想写作业，累了想休息，结果她更生气了。

旦旦需要的承接方式与树不一样。树可以通过被理解、被响应很容易就平静下来，他的情绪大部分是伤心，较少有崩溃式的大哭；旦旦自小就很拗，一旦大哭，就没有语言能平息。7 岁的她比较理性了，但发作起来依然是暴风雨。这时不晓得哪来的灵感，我开始朗读起自己正在阅读的书籍：

> 接纳意味着不排斥，停止排斥意味着人格没有在造作什么，它在那一刻是不活动的。一旦发现排斥的活动，并且真的感受到它对我们所造成的影响，悲悯就会出现。你会看到自己就像一个小婴儿。你越能洞察到这份排斥的倾向，就越有能力爱自己。……如果你爱的是真相本身，它就会使你解脱；如果你期待这样会使你解脱，你就无法解脱了。每当我们期待事情会有所不同，这份期待就会制造出欲望，而欲望又会制造出对眼前真相的排斥，排斥产生界分感，界分感产生冲突，冲突制造痛苦，痛苦促使我们不断追寻，追寻又会制造出更多排斥和冲突，这就是恶性循环。……

通过朗读这些充满智慧的文字，我先把自己带回平静，并产生一股和谐的振动，把旦旦也带回了平静。她不需要理解文字，她这个年纪，也无法理解这些文字。她需要感受到的，是一个真正开放而平静的母亲，不是为了安抚她或制止哭（制止麻烦）而存在，而是真的平和与宁静。

第02章
用信任培养孩子的责任感

孩子独当一面时的力量

树 11 岁时的某个晚上，旦旦去上舞蹈课了，而我们需要出门买东西。

我跟树说："妈妈和爸爸要出去买帐篷，你一个人在家，等一下去接旦旦回来。"（舞蹈教室离家步行约 5 分钟。）

树："可是我也想去买帐篷。"

我："留在家吧！热水正热，舒服地洗个澡，把作业写了。况且，你也去买帐篷，会来不及接旦旦的。"于是他答应了。

出门时，我看着他吃空的面碗："如果你把自己的碗和锅洗了，妈妈会很惊喜！如果你把它们留在桌上，没拿去厨房，我回来会小失望。”

本来预计一个小时的购物行程，因为犹豫不决而多花了 20 分钟。回家一进门我们发现，整个家明亮洁净。兄妹俩忍不住报告：作业都写完了，头发洗好了，吹得很干爽，而且不仅把自己用的碗给洗了，水槽中其他的碗也洗干净了，连厨房都收拾好了。最奇妙的是，平日写作业奇慢的旦旦也很快写完了。树没有上网，而是和旦旦快乐地玩耍。孩子们的能量是振奋、独立而开怀的。

原来，那些平日说了上千次的种种叮咛，他们都记得，只是爸妈在家时，因为有高的人撑着，有人主动做了，轮不到他们表现。这次爸妈不在家，孩子们成了最“高”的人，主动把玩乐需求放在了后头，而把日常责任拿到了前头。

这真是非常有意思的发展。孩子平时活在父母安好的幸福中，当父母偶尔不在时，就会主动实践父母给予的规范。

从心理学的人格角度来看：

在树的身体里，有个热爱踢球的他，有个写作业很轻松的他，有个听见并记得妈妈教导的他，也有个喜欢在网络听歌、看短片的他。在不同情境，他的世界由不同的人格带领。那个有责任感的他，很少在妈妈在家时成为领导者，树在家中的主要人格，很多时候是和妹妹玩得不亦乐乎的男孩。当爸妈一起出门，还赋予他去接妹妹下课回家的责任时，那个耳濡目染、独立自主、有能力的他，就成了有责任感的领导者。

而 8 岁的旦旦，身体里面有怎样的人格呢？甜美灿烂的小女孩，写作业超认真的完美主义者，和天堂关系良好的光行者，一拗起来脾气超倔强的小孩，还有个充满母性、可以照顾世界的小妈妈性格。在平日，她自由自在地生活、学习、玩耍，而当主要的照顾者离家了，她的照顾本能就有机会展现出来了。

对孩子要有信心，当孩子表现不成熟时，要相信他的身体里面有个成熟的人，那些我们日复一日叮咛百次千次、潜移默化示范的规范和美好的德性，都会是他的一部分。因此，为人父母的我们，休息时可以专注养神，清醒时也会充满精神，能在爱与自由中工作和生活，这就是我们示范给孩子勤奋与独立的好教养。

你做家务，是因为你很重要

树 3 岁多的某天，在睡前跑进房间问："爸爸是不是生气了？"

我回答："爸爸只是太累，心情沉重。不是对你生气。"

"为什么？"他不解。

我解释："因为每天睡觉前，有很多家务要做啊，妈妈得照顾旦旦，爸爸只能一个人做家务，所以很疲倦吧！"

“为什么我没有一起做？”他红着眼眶说。

“你是说，为什么没有让你一起做家务吗？”我感受到了他的心切。

“嗯！”他委屈地猛点头。于是我把旦旦放下，抱起他正色说：“树，对不起。妈妈忘了你是家里这么重要的人。从明天开始，当我们做家务的时候，一定让你一起来做。”他笑了，一脸刚毅。我在心里反复呢喃着：是啊！真的，我竟忘了你是家里这么重要的人！

在接下来的日子里，每次我都会宣布：“我们要睡觉了，开始做家务吧。有杯子、奶瓶要洗，有玩具要收，有衣服要晒，还有旦旦要照顾。树，你选什么工作呢？”树会认真地收拾他的玩具，协助叠衣服……神色间充满了闪亮的自信。

“我很重要”成了树内在的一个自我认同。从他 3 岁到 13 岁的 3000 多个日子里，每次他加入做家务，我都会得到很多助力，不只工作被做完了，还享受了他轻松快乐的陪伴。

当然，他也会有不听话、东西乱丢的时候，而我会选择把焦点放在：“你很重要，你很能做事，谢谢你的加入。”

做家务是表达爱的方式

树上小学六年级时，我们在山上租了个房子，距离市区原来的家大约 30 分钟的车程。每逢周三或周末，我们都会去那里玩耍或开课，享受山间的宁静。当时，树已经开始有课后的英语补习，跟着他喜欢的老师有效率地学习。然而，在不补习、不上山的日子，每天带足球去学校的他，都会尽可能留校留到很晚，与同班的男孩子们去踢球，玩得不亦乐乎。

有一次，在周五清晨，为了我个人的需要，我请求："树，今天放学后不要踢球了，因为我们要早点上山。"他考虑后答应了。下午，我们到达山上的房子时才 4 点多，天色还早，我让他们去游戏，玩什么都好。没想到，他问："妈妈，有什么要帮忙的吗？"我正忙着，没立即回应他。他又问："妈妈，有什么要帮忙的？"我一时没反应过来。他又说了一次："妈妈，有什么要帮忙的？我要多帮一点忙，这样不踢足球才有意义。"

这话的逻辑真是吓我一跳。这孩子，是这样思考的呢！我这样理解："有什么可以取代踢足球的快乐？能够帮助所爱的人。"而他为了守护我的需要与心情，暂且放下了踢足球的快乐。于是，我给了他最大的责任——清洁上课区域的主要地板。

他清扫地板的效率很高，经他打扫的地板踩起来干净舒爽了许多。拖完地之后，平日爱穿袜子的他，脱了袜子在地板上踩来踩去，说“好舒服啊！”。那表情跟我拖完地光脚丫到处说“好舒服”的神情一样，一脸满足，洋溢着喜悦。原来这样的满足感，足以平衡他不踢足球的可惜感。能够被孩子以这样的方式爱着，真是欢喜。

做家务不需要预设的奖赏

正在上幼儿园大班的旦旦，在母亲节从学校带回一张闯关卡，上面有 5 关：倒水给妈妈喝、帮妈妈捶背、帮妈妈整理餐桌、帮妈妈叠衣服……兴奋的旦旦说：“如果我通过这 5 关，就会得到一个神秘礼物喔！”

对“闯关、得分、拿礼物”的奖励旦旦充满着热情，说：“妈妈，赶快，我们来叠衣服吧！我想要星期一就把卡片交回去。”对于她这种为了得分的热情，老实说，我不是很配合。我说：“可是咱们家现在没有衣服要叠呢。”

过了一会儿，她又倒了一杯水，放在我面前。我一时没反应过来，她说：“妈妈，赶快喝，这样我就又得一分了。”有些顽皮的我说：“对不起，可是我现在不渴呢！”她也反应迅速，笑了一下：

“刚好，我现在很渴。”然后大口把水喝了。

过了一会儿，她急躁地说：“那我可以把衣服先弄乱，然后再叠起来，当作帮你吗？”我说：“不行，你这样是捣蛋，怎么会是帮忙？”她觉得很挫败：“可是我很想星期一就把卡片交回去耶。怎么办？”我安慰说：“那你就记得用体贴的眼光，看到我口渴时就倒水，吃完晚餐后就收拾餐桌，等我叠衣服时也一起加入！”

一向不使用奖赏的我，在意孩子的动机是为了完成任务而非体贴，因而有些冷漠地回应她对帮忙的过度热情。

旦旦还会把学校的奖赏概念带回家：“妈妈，我今天拿到班级乖的第一名，所以我可以……吗？”她说得很兴奋。我承接了她的兴奋后问：“你努力让自己符合老师的心意，拿到了乖的分数。为了分数，你学会了控制自己，这份能力妈妈是欣赏的。不过，妈妈想知道这样的你快乐吗？”她说：“其实没有那么快乐。”我说：“妈妈很高兴你有心感觉到了老师的期待，并有能力控制自己的行为去拿到乖的第一名。可是，妈妈也关心，你有没有能力放下对第一名的强烈需求，选择拿第三名甚至第五名，因为这样你可以对自己更好，可以让自己自由些，而不是每次都把冲动压下来。”她很迟疑，老实说：“我不知道怎么做耶！”

就这样，她放下了对快快完成任务的热情，很快忘记了这个比赛。她本来就有体贴甜美的性格，比方说，我带他们去埔心牧场玩，她会说："妈妈要不要吃？我分你。"或是："妈妈，这个我来拿。"她也有拒绝我的时候："不要，我现在不需要帮忙。"在没有刻意奖励的时候，她本来就是个有同理心、会体贴、会任性耍赖、会开心爆笑的自然孩童。

到了周日晚上，她说："妈妈，我还是想要星期一就完成闯关卡耶，有忙要帮吗？"我说："好啊，帮我捶背。"捶背时，她有些没耐心，一直问这样可以打钩了吗？我总是很顽皮地说："还没，还没，太舒服了，请继续。"至少让她捶了 5 分钟，才算通过。

倒水、收拾餐桌、洗碗……到了晚上 8 点多，我们开始叠衣服。她和爸爸一起叠了一大包衣服，这次她很开心地叠啊叠，都不想停止了。因为她发现自己叠衣服的能力又进步了，能够把小内裤叠成一个小小包，丢起来都不会散开！都 9 点多了，我说："去睡觉了，剩下的我来就好，妈妈已经可以帮你打钩了。"谁知她仍沉迷着："我还要继续叠。"我很开心，她在叠衣服中获得的快乐比被打钩更多。

对我而言，孩子要有体贴的心、做家务的习惯与能力，并且可以被允许不做，这样才能乐在其中。这是个学习的旅程，其中的秘诀是：真正的体贴，需要在没有预设的奖赏之下才会发生。

训练孩子做家务的好时机

教孩子分摊家务要掌握好时机，不同发展阶段的孩子，有各自的动力与方法。

2 岁是超想帮忙时期：他好想好想做，好想帮忙，不让他做还会生气、会哭。这是因为他想参与大人的事情，想证明自己的力量。

3~5 岁是力量测试期：他仍想积极参与，并且有能力学好，只要大人有耐心，他就能做得很好。

5 岁以上：通常，若之前没有被培养出做家务的习惯，他就已经产生“做功课与游戏才是我的事，家务没我的事”的认知。他的注意力已被框架在“属于孩子的事情”中，鲜少敞开感官看见有家务要做，也难以把做家务当成自我训练或体贴父母的好玩的事了。

大部分父母会拒绝 2 岁孩子的帮忙，也不会有太多机会让 3 岁的孩子加入，直到孩子五六岁时才开始要求他帮忙，却发现已经得用催促的方式了。因此，从孩子 2 岁开始，就要赋予他参与家务的责任范围。给纸巾：“擦擦桌子”；给他小扫把：“这块地板交给你”；给他们小篮子：“把这里的筷子和汤匙都收过来”。每次他做完后，我们都真心赞美与感谢。只要从小就开始，持续不断，孩子就会自然而然地进入“和大人一起把房间整理干净会感觉舒服”的状态。

如果孩子在热爱做家务的关键期（大约是 0~5 岁）没有感受做家务的荣耀感，我们就需要重新定义“做家务”，来引导孩子进入状态。很多家庭把家务当成小时工的事情，当成倒霉鬼要做的事情，或简单地错误定义为“家务是妈妈的”。这些错误的认知都会让家务成为“不好”的“苦差事”，须费一番心思来重新定义，才能让孩子感受到劳动的力量，如：

做家务是荣耀的，因为会贡献爱，给出服务。

做家务是一种好能力，做得好时会得到敬重。

做家务是相亲相爱，互相支持，一起为“我们”付出。

做家务，还有许多好处喔！

——享受干净地板的舒适（这是自然结果）。

——享受好找的衣服（这是自然结果）。

——妈妈爸爸因此而轻松、快乐（这是自然结果）。

——妈妈爸爸因为心情轻松，家里会多些旅游或礼物（这是我们家的逻辑结果）。

——让做家务成为一项“修行的技艺或专业”，而不是“没人想要的负担”。

当全家人都重新定义了家务的意义后，请在孩子参与后立即给予鼓励，具体说出孩子的进步：

哇！你扫过的地板好干净，你好厉害！
你不只把碗洗好了，连操作台也擦干净了呢！
你年纪小，先从叠半袖学起，下次再来学叠衬衫。
变厉害了喔！让我们来叠衬衫看看。

做家务不是妈妈一个人的事，下面的惯用词汇，要换新说法喔！

别说“帮妈妈擦桌子”，改说“来，去把我们吃饭的桌子擦一擦吧”。

别说“帮妈妈擦地板”，改说“来，把我们的地板擦一擦吧”。

别说“帮妈妈洗碗”，改说“妈妈负责拖地，你负责洗碗吧”。

请孩子做事时，不要问“好吗”，可以问：

你计划什么时候开始？
你能洗得很干净吗？

你估计多久可以洗完？上次妈妈的纪录是20分钟喔！

你洗完碗后，我们要吃什么点心？

不要因为孩子拒绝或耽搁而生气，一定要给孩子拒绝的自由：

你们不做，妈妈不会生气。妈妈只是会更累，而减少快乐。

你可以选择不做，就像妈妈也能选择不做，让自己休息一样。

夫妻可以审视一下家里的价值观：

孩子考高分在家里得到的掌声多，还是把衣服叠得漂亮能得到更多尊敬？

辛苦工作回家的爸爸会得到全家的感谢，还是被妈妈抱怨太晚回家？

辛苦煮饭的妈妈会得到感谢，还是大家一窝蜂先吃饭，而没有等妈妈？

大人洗碗时是好心情，还是经常在抱怨？

第03章

用玩心释放孩子的快乐

一起淋成落汤鸡

旦旦 6 岁那年的某个周日午后，爸爸去工作了，家里只剩下两个孩子和我。

要去哪里玩呢？大家有什么需要？讨论后发现，我需要把被单送去洗衣店，旦旦想去动物园看兔子。树说：“我也想看兔子，但只要兔子就好。”天色很暗，就要下雨了！要出门吗？我们三人决定冒险一试！

出门时，已经下起毛毛雨了，我们没有开车，也没有雨衣。要去吗？从洗衣店离开后，在下着毛毛雨的路上，握着摩托车把手的我充满决心地宣告：“愿不愿意淋成落汤鸡？”

两个孩子一前一后，在乌云密布有风的大街上，超级兴奋地问："什么是落汤鸡啊？"我说："就像鸡掉到汤里，全身的毛都湿了一样。"孩子们很兴奋，我也决定拼拼看，即使淋成落汤鸡也没关系。看着远方天空的乌云密布，心中想着可以把时间设定在3点半回家，会安全些。

那是一种奇特的感觉，毫无顾忌地勇往直前，享受目标清晰的欢乐。虽是一场简单的小旅行，去了已去过无数次的新竹动物园，却有着无比的快乐。我们一进到动物园，就冲到兔子区，待得有点久，还给兔子们取了名字，离开时又跑去买了热狗。大雨哗啦啦下来了。

雨溜进嘴里冰冰的。我把旦旦放在身后，挤在我与树之间，回家之后脱掉湿衣服，三个人都快乐地说："所有的心愿都实现了。"妈妈把床单送去洗了，孩子们看到了兔子，大家还都吃到了热狗。"还淋成了落鸡汤！"旦旦很开心，这是追加的快乐。我笑说："不是落鸡汤，是落汤鸡！"

在周末下午出门冒险的我，没有恐惧，只有兴奋。我们全身湿透地回家后立即泡澡、喝热巧克力。然后，带着历经冒险归来的荣耀，等爸爸回家后可以大说特说。那经验造就了旦旦的铭刻在心的记忆，以后凡是骑车在路上，遇到要下雨了，她就会一脸兴奋，好像前方的雨会带来天堂的极乐。她期待的天堂，就是一个无恐惧、充满冒险精神，热爱玩耍，安全又不过度保护的妈妈。而开启天堂的密码就是：“要下雨了。让我们一起来淋成落汤鸡吧！”

到了旦旦上小学二年级那年的11月。早晨，在寒流中骑摩托车载他们上学时，雨滴了下来。我说：“要下雨了。”（语气中其实有着抗拒。）坐在前方的旦旦立刻兴奋地说：“要淋成落鸡汤[1]了。”她满脸兴奋，重心前移，做出身体往前冲的姿势，像百米选手正要迎接前方的终点线，迎接欢呼和彩带……

“这么兴奋啊？淋成落鸡汤？”理性的我好奇地旁观着。然而我知晓，她把当下与什么连接在了一起。回想那个时候的我，没有因怕冷怕雨而放弃出门，没有停下来买雨衣，没有抱怨雨太大，没有担忧孩子感冒，而是和孩子们一起努力完成了大家的旅行目标。相较于那时，上学日早晨的我，显得严肃而务实。

的确，孩子都上小学以后，务实妈妈在生活里现身的比例比以前更多了。充当时间管理员的妈妈，东叮咛西管管，吆喝这吆喝那，把陪孩子快乐玩耍的角色搁置在一旁。那天，在微雨的上学路上，孩子们拒绝我停下来买雨衣的提议后，我沉思着：有没有可能，在保护孩子的前提下，也可以有热情和天堂般的快乐？

---

1 为了纪念那阵子每周美好快乐的动物园之行，从此“落汤鸡”在我们家就变成了“落鸡汤”。

担任日常流程管理员的我，背后有这种热情与爱吗？还是，只剩责任与保护需求？我会不会变成《疯狂原始人》中的爸爸，生命里只剩下守规则，坚持认为只有躲在洞穴里才是安全的？我反思着，也提醒自己，如果我让管理员妈妈成为生活中多数时候的角色，在孩子步入青春期之后，我可能会失去与他们的亲密，不再无所不谈。

依然可以管理，可以吆喝，可以叮咛……重点是，要带着热情与玩心。生命的目的，不就是学习与体验人生吗？让孩子不要湿着衣服上课，以及在微雨中骑车依然开怀欢乐，是可以放在一起的。

运动的孩子才快乐

树上小学六年级时，有一天放学回来说：“妈妈，你知道我今天忘记带足球上学有多惨吗？”

“喔？”我好奇。“整个课间只能玩僵尸游戏，都玩腻了。下课把作业都写完之后，就不知道要做什么了。”树答道。

我继续问：“今天没带足球，你们玩游戏，那些平日没和你一起踢足球的同学，下课都在做什么？”“玩手机啊。”他说。我轻皱了一下眉头。他继续说：“那些平日不踢球的女生，也都在玩手机。今天我问有没有人要和我一起玩游戏，然后每节课下课后她们都来跟我玩，我都玩腻了，她们还在继续玩。”我说：“为什么平时她们不会自己玩，而是玩手机？”他说：“我问过她们，她们也不知道。”

从这些对话里，我看到了小学六年级孩子们的课间概况：孩子们下课后就玩智能手机，除非有人组织一个游戏，或有一群固定玩耍的朋友。手机成了孩子唯一的乐趣来源，这让我呼吸沉重而谨慎。7~14 岁，正是孩子发展人际连接与情感成熟的关键时期，因此，学校的群体生活，和同学一起玩耍、合作，一起面对踢破玻璃窗要去道歉的窘境……都是最好的陶冶。如果在这个时候掉入智能手机的小世界里，就会失去发展身体与人际关系的很多机会。

树从小学一年级开始，就每天带着足球上学，下课一吆喝，就有七八个同学一起冲出去踢球。某天下午，孩子们回家后，兄妹俩见到我后很兴奋地说：“妈妈，你想要先听坏消息，还是好消息？”旦旦说：“坏消息是树的，好消息是我的。”树说：“今天我踢足球，把学校的玻璃踢破了。”我心里觉得真好，孩子一定有了一个学习的机会，便问：“然后呢？你后来怎么负责的？什么心情？”他说：“我也没有硬着头皮啦！不过，我在总务处前面走了好几趟，才进去报告。然后就被主任说了说，我说要赔偿，主任说赔偿的事等以后再说。”我问：“心情怎样？”他说：“终于轮到我了。”我想起许多：“喔？从小学一年级到现在，你看见学校的玻璃窗被踢破了几次？”“5 次。”他像是数过一样立即回答。“5 次？有几次是跟你们这群踢足球的人有关？”我好奇地问。“5 次。”他回答。然后，我们全家都笑了起来。我算了算：“从一年级到六年级，每天每节课下课后都踢球，即使换了不同班级、伙伴，你还是每天带领同学去踢球……一学期如果有 250 天，加上现在……嗯，平均 280 天踢破一次玻璃窗……还好啦！你有个好学校，主任不会指责你们，只是讲讲道理而已，真好。”

父母需要警醒的是，孩子与生命之间的直接互动、连接与接触越多，他的心智、情感、身体，还有灵魂就越丰满。对 0~14 岁的孩子来说，最生动、最充满能量的，莫过于与肢体相关的各种游戏、运动，以及生活技能的锻炼了。而想要提供给孩子充足的机会，与这世界有所连接，有两个原则：

一是不要太早给孩子手机。如果为了联络需要，请不要给智能手机。

很多小学生拥有智能手机，甚至拥有两部以上，父母换新手机，就把旧手机给了小孩。这份礼物虽然会带来短暂的开心，却埋下了很深的隐忧：一方面，孩子会被太好玩的智能手机吸引，少了跑跑跳跳、与人连接的机会；另一方面，因为电脑或手机都是对环境高污染的产品，能久用就久用，是我们对保护环境能尽的心力。

二是支持孩子热爱运动。

通过运动可以发展肢体、整合身心、协调手眼；通过参与群体运动，可以体验人际互动，学会协调游戏规则，处理合作议题，这是小学时最重要的发展。运动，尤其是有计划、能训练进步的运动，是一种能抗衡网络游戏的真快乐。

树到现在都还会经常说起这个故事：他上幼儿园小班时感染了水痘，我为了让他分心，以防抓破水痘，就给他买了一整套足球动画《哨声响起》,每集动画结束时,都有足球小教室。从那时起,他就开始踢球了。一开始是爸爸陪着玩,他也照着卡通的教导练球。等上了小学一年级,他就找同学一起出去踢球,热热闹闹的。后来,他参加了夏令营的足球活动，就跟着教练和球队练习；上初中后，进了社团与校队，继续练球。

树能在运动上这么有热情，要归功于爸爸的同步陪伴。爸爸把自己的心力也投注到锻炼身体上。他有热情，愿意陪孩子讨论球技，还到树的学校担任小小足球教练……这些都促成了树的热情贯注。

让我佩服的是，树吆喝同学下课一起去踢球这一点，竟可以如此持久而稳固。每天树都会背着球上学，下课后一群人就冲了出去，他会负责计时，好在上课铃响前回到教室。出太阳或下小雨，都不算什么阻挡。树的名言是：“上学那么好玩，为什么要放暑假？”原来他的“好玩”跟足球有很大的关系。0~7 岁，是发展肢体的关键期，7~14 岁则是发展情感人际的关键期，14~21 岁才是发展认知的关键期。即将 12 岁的树，无论是肢体还是人际情感的发展，都跟足球有关！偶尔，我会在接他回家时早点去，到球场看他们踢足球，每个孩子都好快乐！我认得里面的几个孩子，他们也许在人际关系或学习上有过挫折，但在球场上都变得好快乐。于是，我心里想着：“只要有这样的快乐时光，生活就有了往前进的动力。”

耳濡目染的旦旦，虽然没有踢足球，但会在每节课下课后和同学一起玩鬼抓人，一玩玩了 3 年，练就了一身跑步与躲藏的功夫。

在家里，除了不看电视，我们也尽量不在家里玩手机，这让孩子们与电子产品的关系很健康。对树而言，他最大的快乐就来自于和同学一起踢足球。这让他精神饱满，也不需要太多的电子游戏，因为快乐的源头并不在电子游戏中。我们从来没期望儿子的足球能踢得多好，或是以后利用足球特长为升学提供便利，也不在乎足球是否能为他未来的人生加分，重要的是他拥有了一项自己热爱的好运动，让他热情洋溢，让他可以从身体与人际互动中感受到最大的快乐。运动，在电子产品泛滥的时代，也许可以把孩子稳稳地留在正常发展的路上。

玩，也是大人的健康良药

身为家中长女的我，自小就是爸妈的小帮手。我很早就开始经济独立，支持弟妹的学费，处理妈妈的担忧，在爸爸过世后更成为家中中坚力量。但是在让人佩服的背后，我却忽视了自己应有的需要，有成为工作狂的倾向，可以不睡或忘记上厕所。

2011 年，48 岁的我忽然不再被“好大姐”的角色主导，而是由内在的“自然孩童”来感知这世界：呼吸变得好清晰，能像个孩子一样睡眠、吃东西、玩耍……这种状态用“好大姐”的标准来看，好像变得“没效率”或“闲散”了，然而，从能量层次来看，却是在饱满地活着，把更多鲜活的能量与颜色带到了工作中。尤其在主持儿童工作坊时，有了自然孩童人格的加持，真是如虎添翼。

在被“好大姐”人格主导的时代，工作之余，我用躺下或吃东西来休息；而在“自然孩童”主导的时代，我会用玩一玩来休息：在地上滚一滚、在房子外跑一跑、睁大好奇的眼睛看看这世界、胡乱歌唱……这些动作很快就能让自己开心起来，能量与体力自然就恢复了。那些会被“好大姐”批评为偷懒，被禁止或遗忘的小游戏，现在成了我珍贵与了不起的解放。

暑假，在连着两周与孩子共同工作之后，我变得非常非常“不能动”。不是那种累到不行的无法动弹，而是没有需求，没有任何非做什么不可的动力，没有谁能迫使我做不想做的事情，这种状态很舒服。小小地耍赖、好好地休息、舒适地看小说、望着窗外发呆、没有目的地散步、想写什么就写什么……这些成了滋养自己的活动。

于是，我提醒自己，如果几个月之后，我的主要领导人格又变回那个有完美工作需求的“好大姐”，那么我得明白，一旦我工作得不快乐了，就是到需要“玩一玩”的时刻了。

生命是慈悲的，每个人都有一帖滋养与疗愈自己的解药。我们不要在孩子爱玩的时候批判他，只需引导他活出平衡的生活。这样一来，“玩”就会成为一种闪亮的能力，滋养并充实他们成人后的健康人生。

让快乐成就美丽人生

树初一上音乐课时，老师带领孩子们欣赏了 YouTube 上的好音乐。这激发了他对音乐的热情，从此他每天都在唱歌。那些在我听来饶舌又记不得的英文摇滚，从他变声的少年嗓子中唱出来好有味道，轻快的节奏伴随着他初中生活的每一天。树对音乐的热爱，让我感受到了生命强烈的热情与冲动。于是，我明白，若这一生有音乐陪伴，即使未来身处困境，他都可以微笑地连接内心深处这美丽的所在，从而坚强地度过。

在意大利电影《美丽人生》中，主角罗伯托·贝尼尼通过捉迷藏竞赛，帮助年幼的儿子化解对集中营的恐惧，并抓住机会在广播中播放古典音乐，安慰了被囚禁在女集中营中的太太的心灵。当年我总觉得那夸张的幽默感与想象力是电影才有的，而今，孩子们的行为让我相信这是有可能发生在身边的。

让快乐成为一种力量，帮孩子们度过未来可能遇到的困境，成就他们的美丽人生。

第04章

用酬赏激发孩子的生命力

不用奖赏，用酬赏

奖赏的意义是，我鼓舞你，并感谢你朝这方向走。于是，公司有年终奖金，学校有各种奖状、奖品，幼儿园有各种盖章、贴纸。许多时候，奖赏用起来很方便，而在某些时候，用得不适合，则折损人生的真实动机。

为了守护孩子自然的热情和主动的力量，我既不使用惩罚，也尽量不给奖赏。无论是用情绪低落或生气来惩罚，还是用责骂来影响孩子，用说教来强制灌输，只要察觉到了，我都会尽量避免。这样做是为了不让恐惧成为家庭中的主导。

奖赏是一种约定好的礼物，例如：为了让孩子用功学习，而约定好给他多少奖金。这种奖赏最危险的地方是，争取奖金成了要点，用功努力带来的充实感被奖金的光环遮蔽。

奖赏是基于心理学从条件反射的研究中而来，把人当成可以因重赏而努力的动物，忽视了更深层次的动力。

酬赏之所以不同于奖赏，在于酬赏是发生在好事之后的集体庆贺。为了庆贺树考试进步，我们全家去吃平日不会吃的烤肉吧！在这个全家一起欢庆的时刻，大家都会感谢树的努力，庆贺树的好结果。有时候，全家也会为了安慰失败或失落而去吃好东西，也许可以命名为“温暖打气，酬赏努力”派对。这样的好事情，我称之为酬赏，有别于奖励好成绩的奖赏。酬赏不是约定好的，顶多是默契或习俗；酬赏的物质受惠者是全家，而当事人则会在其中得到感谢及荣耀。

充满生命力的家庭酬赏

我们家常开派对，但不要过度想象喔！跟大家想象的奢华派对不一样。

两个孩子都喜欢“周末狂欢”。怎么狂欢？

就是到了周末，我们不规定他们的入睡时间，他们可以在床上看书、打枕头仗，可以很晚睡……这就是名为“看书趴”的周末狂欢。每逢辛勤工作的日子，每逢大家一起齐心协力打扫的日子，我们都会去外头吃饭，然后说：“今天庆祝……所以，多点一道菜喔！”或是，买一大包好吃的栗子回家，然后说：“要谢谢你们两个人，昨天很认真……所以，今天是栗子狂欢派对。”

光这些小动作，就足以让大家非常开心了。在庆贺的过程中，我们全程作陪，没有手机，没有工作，不接电话，就是全神贯注地陪孩子。吃栗子，开心吃饭，一起在床上看书、打枕头仗……真诚地同在、一起大声笑、只有鼓励与赞赏、没有严肃话题，构成了庆典的要素。这些明亮时刻的基础是平日的简单与稳定的质朴生活：在家吃饭、定时上床、没有零食、没有饮料，却因为爱而丰盛欢喜的平凡生活。

在孩子们分别上四年级与幼儿园大班那年，我们去美国旅行了一趟，因为时差，他们回到台湾后，每天都在黄昏时入睡，清晨 4 点就醒来。一周后，孩子们还维持着这样的生理时钟，而我们则早疲于清晨被吵醒。于是我说：“今天，你们两个可以熬到 9 点半才入睡吗？明天，至少睡到 7 点半起床。”天真的旦旦问：“有什么奖品？”我豪爽地说：“300 元栗子，全家享用。”（栗子是当时家里最爱的零食。）孩子们睁大眼睛，彼此对看，“哇喔！”两人一起发出赞叹，嘴巴都合不拢了，于是双方成交。果真，当晚孩子们拼了命，我们也尽力支持，用各种方法让他们一直撑到 9 点半才入睡。第二天，自然醒的树睁眼看到闹钟显示的 7 点 40 分，立刻大嚷：“成功！”于是，爸爸去买了栗子，全家幸福地吃了一个星期，这是长达一周的栗子庆典。

这是酬赏的一个小例子。为了大人的福分，我用栗子作为奖品要求孩子们忍住身体的自然规律。孩子们有了奖品当动机，撑过了一个多小时，每当想睡时，两人就睁大眼睛彼此提醒：“栗子！栗子！”孩子们的付出，带来的不是个人的酬赏，而是全家集体享用健康的栗子的欢庆。

平日里孩子们了解什么是健康的好食物，而什么食物吃起来虽好吃又开心，却不利于健康。喜欢喝可乐的树在平日不会喝可乐，因为他喜欢健康的自己。然而，在庆典时，他就会喝可乐庆贺。平日不吃甜点的我也只会在庆典时享受蛋糕，让自己的快乐神经醒来。这就是庆典的精神。你知道吗？当大家都团聚在一起时，真的能听到彼此的胸膛里咚咚咚地响着。群聚的浓郁欢乐，是生命最好的酬赏。

孩子的拔牙仪式

树 10 岁时，新门牙都冒出头来了，而乳牙还稳当当不脱落，我说：“那得去拔牙了。”

他很焦虑害怕，我就教他摸着牙齿，对牙齿说：“亲爱的两颗牙齿，谢谢你们这么健康，谢谢你们陪我这么久。因为新牙齿已经长出来了，所以，我得去找牙医拔牙，我要拔掉你们了喔！牙医拔掉你们的时候，我会把生命力从你们上面撤走，谢谢你们的照顾。”他认真照做，抗拒开始消融，逐渐接纳了拔牙这件事。

他问我：“不拔牙，会怎样？”

我说：“你现在这种情况就得拔牙了，不然牙齿会长歪，像爸爸的一样。”

我开始唱起：“大风起，把头摇一摇……”这是叫《小草》的早期民谣。

唱完歌后，我问他：“大树与小草，如果没有风、雨，会怎样？”

他说：“会活不了。”

我说：“是啊，风带来各种花粉与种子，雨带来重要的水分，如果没有风和雨，它们就会活不好、活不了。”

我又问：“但如果没有大风、大雨，会怎样呢？”

他沉默。旦旦说：“哥哥，如果你不会，你只要摇摇头就好。”

我笑着称赞旦旦说："是啊，你学会了这么重要的事情。"

我说："大树如果没有大风大雨，会长不高……小草比较不怕大风大雨，因为它很柔软。"我解释大树会如何因大风生出更深的根，根扎得越深，越坚强。

我说："树，舒服的日子让你顺利长大，但痛的时候会让你变得坚强。你知道什么是坚强吗？"他摇摇头。

刚好，这几天，我陪孩子们看了怀旧卡通片《小天使》，在看小莲帮助小芬学会走路时，树看得很入迷。我说："小芬在学走路，一次次跌倒，又站起来，那个让她站起来的意志力，就叫作坚强。坚强不会被打倒，再难都不放弃……可以承受痛苦，可以朝向目标前进。"

树安静了，他问："那可不可以，明天再拔牙？"

我笑了："你自己想想，反正都要痛，你要多不安一天吗？"

想来想去，他说："那可不可以，吃完晚餐再去？"

爸爸说："这是个好点子。"

吃晚餐时，爸爸发表了在网上查到的建议："乳牙还没掉就长牙，就要去拔掉乳牙。"他顺道说起自己拔牙的故事，并接着说："这些让我们有压力的意外事情，如果解决了，以后回忆起来会很特别。生命中，总要有特别的故事讲。等你拔完牙，以后就能跟人讲'我那时候去拔牙'的故事了。"

到了牙医诊所，拍了X光，看见一颗颗埋在牙龈中的新牙很可爱。树安静地坐着，医生小心地说："乳牙可能要拔掉。"我说："放心，我们已经沟通好了。"整个过程中，树很放松、平静，让牙医和护士赞美有加。检查、解说、上麻药、拔牙、咬纱布，抽戳戳乐，不到10分钟，他的拔牙之旅就结束了。

在上床前，我特地用喝香槟的高脚杯倒了4杯冰苹果汁，全家人干杯庆祝树拔牙成功。

睡前，我问他："拔牙时你那么安静，在想什么？"

他说："我在心里，请耶稣保护我。"

在麻药还没完全消退前，他一下子就睡了。旦旦说："妈妈，我以后拔牙，也要干杯庆祝。"呵呵，真是值得干杯庆祝呢！

安抚的触摸酬赏

我出生时，祖母大约64岁，还是个有力气的年轻阿嬷。我长大后，她最爱说的故事是，我自小在她裙子上跳跳跳，连裙子都给跳破了。我想，被那样宠爱着，一定是生命的至喜经验——被爱与欢乐环绕着，并且深信自己的存在是珍贵的。于是我也这样哄孩子，尤其是当孩子情绪低落时。

树上小学五年级时已经长到155厘米，我已无法轻易把他抱在怀里。他在低潮或踢球极度疲惫的时候，会跑来跟我说：“妈妈，帮我按摩好吗？”“妈妈，摸摸我。”这时候，我会先调整自己，让自己平静，让他躺在我身边，一只手放在他的髋骨上（身体重心位置的侧面），以髋骨为支点用手推并轻轻摇晃。有时自己也想躺着休息，就用脚推。这动作类似摇哄婴儿，轻轻地、缓慢地，像柔和的海浪在拍打沙滩。当他侧躺时，轻轻摇晃，就会有舒适的感受，这会让他与婴儿时期被摇哄、被轻轻拍屁股安抚的记忆产生连接。另一种适合青少年的碰触是，顺顺他的头发，有规律地从上到下，用梳子或用手抚触头皮，规律而深情地梳理头发。

深情的意思是专注，什么都不想，在梳理或抚触时，脑袋只有这个感官知觉，别无其他。他会很快得到一种安定感，进而快速睡去。

另外，还有一种触碰的方式能支持孩子敞开心胸，适合他心情沉闷时使用。让孩子趴着，将两手交叠在后背的中央（大约肩胛骨下方的高度），两手同时以喷泉状往外划出，一次又一次顺出去……这动作同时会滋养我，因为当孩子被这样顺抚之后，他们心中爱的能量就会打开，连我都能分享到。当然，拥抱依然是最简单的方法，树会在需要的时候，来跟我要抱抱。几秒之后，他就满足了。

身为青少年的母亲，我开始知觉身体界限。因为树是如此让人舒服的孩子，又是男孩，假设我想主动抱他，或想抱他的频率太密，我会觉察：“抱抱，是谁的需要？是我想抱人，还是孩子有被抱的需要？”若是我有需要被抱，我会去找别人给我，不会从树身上来寻求满足。尤其当他进入青春期后，我会留意亲情拥抱与亲密拥抱的差别。

对于旦旦，我与她之间还处于各种肢体游戏的黄金期。体重20公斤、身高124厘米的她还很轻盈，我能轻易抱起她做任何动作。这些年来我给她的各种酬赏或安慰的礼物，从来不是糖果，也很少是买来的礼物，有些时候是写在纸上或画在纸上的小卡片，更多时候是各种肢体游戏。

旦旦7岁时，仍很喜欢被垂直抱起。她站着，我从她的胳肢窝下方用两手撑起，直接垂直抱起来，越快越好，手能撑多高就撑多高。在她体重15公斤时，我会将两手撑直把她高高撑起，再落下来，两手抱个满怀，两人哈哈大笑。后来，她长高、变重了，我们就得喊“一二三”，当我喊到“三”的时候，她会率先跳起来，把握住她跳起的瞬间，我顺势把她撑起来……渐渐地，我的手臂只能撑到半高，现在，我只能把她抱住，抱到怀里。这样的动作我俩不知做过几百次了，即使没有抱起来，喊个“一二三”，以及我作势要抱她的动作，都会让两人开心得哈哈大笑。很多心情的挫折或沉闷，经常在开怀大笑中就散开了。

旦旦有时会很拗，连自己都搞不定自己。当她不开心的状态还很轻微时，我说："来，妈妈抱抱。"她还能移动身体。这时若我坐着，就能把她抱在腿上，摇晃一阵子。然而，如果她很不开心，这就不是好方法了。需要看情势，若她准备好要从执拗中出来，我需要轻轻碰她，问她肯不肯玩"抱抱，吓一跳"的游戏，也就是抱着她，再忽然把她身体平放，用手撑着她的脖子，她会吓一跳，若时机对了，她会哈哈大笑，整个人心情就好了；若时机不对，她吓一跳之后，会偷笑一秒，然后，"哼！"假装生气，过一会儿才高兴起来。

"抱抱，吓一跳"，这方法是让旦旦在生闷气时舒展的最好方法。我通常站着抱住她，然后忽然作势要松开手，让她掉到一半，才接住她。她会自然而然大口呼吸，憋着气的情绪被打断，呼吸顺畅起来，情绪就会好很多。

这个办法很好用，然而，得尊重孩子需要待在坏情绪的时间。若时机抓得准，当孩子闷够了准备要出来时，这是临门一脚；若孩子还需要闷一下，使用这方法则会让孩子有被侵犯或强迫的不舒服感。

旦旦是个热爱欢呼的女孩。有一次，我们开车出游，一路上晴空万里，忽然看到前方有一道大大的彩虹，大家都惊呼："彩虹！"

旦旦却说:“不行，这样的彩虹，这种欢呼不够，要像我这样尖叫！跟我一起做！”她兴奋地握拳、跳跃(坐在车子里当然不能跳太高)，带领我们尖叫，树和我觉得好玩，跟她一起尖叫、欢呼……于是，快乐就被放大了。

因此，当生活里发生很欢乐的事情时，当我觉得身体强壮，有信心即使转圈头晕也不怕时，我就说:“来，旦旦，我们来庆祝！”然后抱起她，原地快速转圈。她的身体很轻盈，很快就飞了起来，她抬头看着我，两人眼睛相对，表情逗趣，开心极了。转了几圈之后，我会逆着方向再转一次……最后，两人一起克服头晕眼花的后遗症，小心地站稳，然后很有默契地发出像是“成功了”的欢呼声，荡漾彼此的心灵。

第05章

用自由支持孩子的学习

帮孩子化解考试焦虑

旦旦上小学二年级时，学校开始有考试，容易焦虑的她经常对我说："妈妈，数学我没把握，我肚子痛。"她用肚子痛来表达她的焦虑。

睡前，她说："妈妈，讲个考试的故事给我听。"于是，我讲了下面这个故事：

有一只小猪，他很害怕考试，就想到一个办法，让自己每次考试前都肚子痛、拉肚子。因为这样，考试那天他就可以请假，不用考试了。老师也拿他没办法，只好每次都让他补考。下课的时候，小猪独自坐在教室里，拼命写着考卷。虽然小猪也很想跟大家一起出去玩，可是一想到得跟所有小朋友一起写考卷，他就很紧张。因为旁边的同学看起来很厉害，字写得很快，会发出刷刷声，让小猪觉得只有自己没把握，只有自己可能写错。现在，小猪单独在教室，他可以一题一题地写，慢慢写。“就好像写作业一样嘛！”小猪这样跟自己说，然后就会很放松，很快就写完了，成绩也考得不错。

很久以后有一天，早上要考试，小猪又让自己肚子痛了。但是，妈妈说：“不行，老师说今天即使你拉肚子，也要带你去学校考试。老师说，她相信，你可以克服那种紧张的感觉。”

“可是我拉肚子怎么办？”小猪辩解。

妈妈说：“老师说，那她就陪你去上厕所，回来继续考试。”小猪心里其实也有点跃跃欲试，就顺从地让妈妈带他去学校了。

那天，考卷发下来后，当同学们都快速写字时，小猪好紧张、好紧张。他体温上升，双手冒汗，肚子就快要痛起来了……他感觉考卷上每个字好像都在跳舞，变成他看不懂的东西。可是，很奇妙，其中有两个字，很清楚，很清楚，一点都没有摇动或跳舞。那两个字是，“放松”。

“放松——放松——放松——”就在孩子要入睡的夜晚，我用放松的语调，一次次说着这两个字，让两个听故事的孩子都笑起来了。

小猪真的放松下来了，他一题一题地写，就好像平时写作业一样。过了一会儿，小猪又紧张起来，这时他冒着汗的手碰到考卷，考卷上又出现了几个字，好像闪烁着光：“你不用跟别人比较，证明自己就好了。”这句话，就像老师在温柔地对他说。他抬起头来,看到老师正温柔地看着他，眼神中充满了鼓励。

小猪跟自己说：“对，我只要负责专心写完就好，当作旁边的人都变透明……变透明……”

于是，小猪一题一题地专心写，他现在只听到自己刷刷写考卷的声音了。写到最后一题，忽然考卷上又出现一排字：“回家后，妈妈会给你喝蜂蜜水喔！”小猪好开心，这是他最快乐的一次考试。

小猪回家后，妈妈真的给他喝了蜂蜜水。

我讲完之后，旦旦说她也要讲一个考试的故事给自己听。

小猫和小兔是好朋友。小兔每次都很用功，考全班第一名；小猫不爱念书，考全班最后一名。可是，小兔考第一名习惯了，后来就跑出去玩，每次都不复习……

小猫这次忽然很用功，每天都复习。

后来，成绩公布了，小兔考了最后一名，小猫考了第一名。老师送给小猫好多好多的进步礼物，小猫就把礼物跟小兔分享，因为他们是最好的朋友。

最后，小猫和小兔变得更好了，他们一起玩，也一起复习功课。

旦旦讲完这个故事后，我们都忘记了考试的事，她很快就睡着了。

第二天放学后，在开车回家的路上，我问："旦旦，我记得你们今天考数学，是吗？"她说："我来讲个故事给你听。从前，有个小女孩，她考试考了 100 分，她的名字叫作旦旦。"讲完，她大笑起来，我也陪着一起大笑。然后我问："考试时，什么地方最开心？"她说："我一直想着，考完试后，妈妈会给你喝蜂蜜水。"我说："那我们就回家喝蜂蜜水吧！"

用讲故事来教减法

小学二年级的数学开始讲二位数的减法。抽象符号思考能力发展较早的树，当年很顺就学会了；然而，抽象思考能力发展得比较慢、偏重图像与叙事的旦旦，就遇到了困难。

$$\begin{array}{r} 68 \\ -49 \\ \hline ? \end{array}$$

像这道题，在还没教之前，她会算成 21。明眼的父母一看，就知道这孩子少了什么概念。可是她是个画画型的孩子，8 和 9，谁上谁下，对她来说只是位置不同罢了。排列的不同，对她而言并不意味着被减数与减数的意义。为了帮她，我把这题目变成一个故事。

我问她："你有 8 块钱，哥哥想跟你要 9 块钱，够不够给？"

"不够。"

"那怎么办？没关系，妈妈钱多，妈妈会借你 10 块钱（她对于十位数的概念理解得很好），而且，每次都会借你。"

她笑笑："没问题。"

"所以，现在，你有几元？"

"18 元。"

"18 元，给哥哥 9 元，剩下几元？"她会闭上眼睛，轻微地动动手指头，然后说："9 元？"

我点头，她脸上有了微笑，然后，写上 9。

“好啦！妈妈本来有 60 元，已经给你 10 元了，爸爸还要来跟我要 40 元，那……妈妈还剩下几元？”她会闭上眼睛，转一转眼珠子（你可以从她的眼皮看出来），然后睁开眼睛。算出答案时，她的眼睛都会亮起来：“10 元。”

“对了，就是这样。”

她很开心，无论我出多少题给她，都充满耐心地练习着。最后，她可以做到百分之百答对了。

看着她越算越快，我问：“你在算减法时，心里想着什么？”

“我想着，我可以跟你借 10 元，然后，就够给哥哥了。”哈哈，这就是我最爱的地方——孩子会接收我们的教导，然后应用在生活中，很可爱。

旦旦喜欢这故事，把故事画在小纸片上放在笔盒里，还去学校讲给同学听，二位数的减法也就学会了。

你有没有推自己一把

旦旦上小学三年级时，在第一次期中考试后，兄妹俩因一张英语考卷起了争执。

旦旦是那种一回家就兴高采烈、拿着考卷跟我报告的孩子。无论考了几分，她都快乐地说着考试以及发考卷时班上的种种、自己的状态，像是在讲一个精彩的故事。即使这张英语考卷的分数不怎么样，我也会敞开怀抱，和她一起笑这个不可思议的错误，一题一题地看，心中暗自记下她还不会的，赞扬她已经会了的，然后跟她约定好让妈妈教。

树呢？他记得妹妹的考试进度，主动问："今天发考卷了吗？"他会陪妹妹一题一题地看，有赞赏有评语，像个学长一样提供着自己的经验。当他问："英语呢？"看完分数后他整个人都谨慎紧张起来："妈妈，旦旦的英语怎么办？"然后他发现有一道大题的分都被扣光了。

那道题是 8 个没有排序的英文单词：eight、four、one……题目是"请依序把这些字填到下面的格子里"。而旦旦很天真地把它们原封不动地抄到了下面的格子里。

当树质问她看不懂题目时，她说："我问过老师，老师说用抄的就可以。"

树："你看不懂题目，看题目很重要耶。"

旦旦为自己辩护："可是老师就是这样说的啊，老师也看错了。"

树："你要承认自己看不懂题目，才会去练习，才会懂。"

然后，旦旦就哭了。她低头啜泣。

我问："你哭哥哥不听你解释，就说你？"她点头。

我说："你要和哥哥继续相亲相爱，对不对？"这回，她很轻微地点了点头。

"来，我们去跟哥哥说：'树，你没有认真听我说话，就强调我不懂，这让我伤心。'或是说：'树，谢谢你关心我，可是，你说话的方式让我觉得被误解，我不喜欢。'"小女孩即使还在哭泣，依然站了起来，和我一起去了哥哥的房间。

房间那头，爸爸正陪树说话。树红着眼眶，我问："什么让你红眼眶？"

他说："我认为旦旦的英语不好，而且英语很重要。重要的是，她都不推自己一把。我很替她着急。"

这番话让我很感动："你现在会在功课上推自己一把，对吗？"他点头。

"告诉我们，在什么时候，你会用什么方式来推自己一把？"

他说："像我以前分数考低了一些，我就会推自己一把，看着分数，跟自己说要更努力一些。像我晚上很想睡，我还是会集中精神，继续做练习题。”

我摸摸他的头：“我很高兴你学会了推自己一把，自己推自己是很棒的动力，我觉得很骄傲。我也喜欢你替妹妹着急、关心她，我很感动。现在，亲口跟她说吧！”

他说：“旦旦，我替你着急。你英语现在不好没关系，可是你要会推自己一把，这样英语才会有希望。”

我们的对话，旦旦听得一清二楚。树说完，整个人平静了下来，安心了。

“现在换旦旦说，来！”旦旦大概陷入了沉思，安静不语。我选择了替她表达：“树，旦旦要跟你说的是：‘我要你先专心听我说清楚，我问过老师，老师说抄下来就可以了，虽然我也觉得怪怪的。你说我看不懂题目，我觉得被误解，很伤心。’”听到自己的心声被说了出来，旦旦也平静了。

看到树对妹妹成绩的投入，我很惊讶，也很感动。对于旦旦英语不怎么样又抗拒学习本来抱持轻松心态的我，被树这样一感动，也认真起来，于是我问旦旦：“你在乎的是英语不好，还是在乎英语不好被人家知道？如果在乎英语不好，就在英语学习上多下功夫；如果是在乎别人知道，你的力气就会花在逃避与遮掩上。我要你勇敢面对那种学习有困难的感觉，跟着我一起练习，好吗？”

她微微点了点头，却有点僵硬。

之后，为了鼓励旦旦，我在她面前跟树解释：由于他是老大，所以他的阅读练习是按部就班的，也因此，他的抽象符号理解力很好，英语几乎是过目不忘，根本不用多用功。可是，旦旦从小就跳级阅读，当她什么都还不懂时，已经在听奇幻小说《皇家骑士》了。所以，她留在了故事丰富的想象世界里，而没机会通过阅读来练习如何辨识抽象符号，如何把文字和声韵连接起来。所以，旦妹妹没有树哥哥的强项，然而，故事记忆力和想象力是她的强项。每个人各有强项和弱项，要互相体谅啊。

小学三年级的旦旦说："我不着急。"

我喜欢她的不着急，然而，我问："你愿意答应我，加强练习吗？"她点头。是啊，我在乎孩子复习功课时的心情和态度，甚于她复习的多少。复习一定要在自主和自愿下进行。

怎么做才能支持孩子勇于面对自己的弱项，又不会坏了对复习功课的胃口？我认为英语是那种落后到一定程度，就会无助得想要放弃的科目。

高三那年，我也放弃过英语考试，决定不跟随考试进度，每天只复习 40 分钟英语。复习英语让我生畏，我却从没放弃前进。就这样，留美所需的托福与 GRE，留美所需的阅读、书面与口头报告和原文论文，依然一关关通过了。

是什么让我没有被学习的困难所阻挡，从而继续前进？即使牙齿打战，也要用很烂的英语说出自己的想法？我想是对知识的一份热爱吧！英语不好就是会学得慢些，而知识本身却是美好的。英语好与不好的人，在我眼中就像是开车或骑自行车畅游欧洲一样，交通工具的区别并无所谓，风光与游历才是最重要的。

孩子，我在乎你遇到困难时可以抱着热情与清晰的目标，直直通过，不被阻挡。这一点已超越了英语的学习，但我们可以通过学习英语来练习，这不是一件很美好的事吗？

培养自由学习的好心态

树上小学四年级上学期时，我问他："阿嬷陪你复习功课，哪些地方你喜欢？哪些地方你不喜欢？"

他："怎么办？都不喜欢耶[1]！"

这让我很惊讶，紧接着问："不喜欢的是哪里？"

他："我不喜欢写很多测验卷[2]，写完一张，还要再写一张。"

1　学校离阿嬷家近，孩子放学后会先去那里，然后等爸妈去接。孩子很喜欢阿嬷，这种不喜欢的心情很罕见。

2　儿子从初一开始，放学后就直接回家了。他喜欢写复习卷，自己安排进度复习。这归功于阿嬷在他小学时帮他培养的好习惯。

我问："这么不喜欢，那你怎么帮自己？"

他："我就说要去大便，然后就在厕所里待很久很久。"

我觉得可爱，问："然后呢？出来以后……"

他："还是得写啊。"

我说："你没有拒绝？"

他："很难。"

听到孩子如此压抑，我开始跟他聊天："为什么不能拒绝阿嬷呢？"

他说："不知道。"

于是我换个角度问："那身边的大人，有谁是你可以坚持拒绝的？"

他说："妈妈。"

我问："爸爸呢？"

他说："也可以。"

旦旦在旁插嘴了："我跟他一样，我也能跟妈妈说'不'，跟爸爸就有点难了。"

树则说："其他大人我都可以，就是阿嬷有点难。"

我问："为什么？是因为拒绝也没有用，阿嬷会坚持？还是因为拒绝了，阿嬷会难过，所以不太想让阿嬷难过？"

听完这话，树的眼眶就红了："是第二个，我不想让阿嬷不开心。”

我问：“你认为自己一定得是什么样的孩子？乖孩子吗？”

他回答：“有一点。”

“不让大人伤心的孩子？”我又问。

他回答：“这个最多。”（眼眶红了。）

我忽然好奇：“那妈妈是被拒绝也不会伤心的强壮大人，是吗？”

两个孩子都笑了，一直点头，旦旦大声说：“对，对，对，妈妈最强壮了。”

于是，我轻轻地说：“你可以是个让人伤心的孩子，你可以不是个乖孩子，你可以不那么在意自己是个坏孩子。”然后，我带他练习如何拒绝阿嬷。我要他养成一个新习惯，就是当拒绝阿嬷时，可以请天使照顾阿嬷。然后，学会无论如何都要把“自己的真心话”放在“担心大人会担忧”前头。

我说：“学习是属于你的，担忧是阿嬷的。你不能为阿嬷的担忧负责，你只对自己的学习负责。如果阿嬷为你的学习负责，而你为阿嬷的担忧负责，那就有点乱了。从现在开始，你要为自己的学习负责。”

后来，我和婆婆聊天，说起对她陪伴孩子写作业的感谢，说起孩子对拒绝阿嬷有压力。婆婆说：“有啊，他确实说过不写。”

原来，孩子拒绝后，阿嬷会松一下，然后端上点心，卷土重来，毫不放弃，用温柔的方式“引导”孩子。

“好啊，那等一下再写。”

“不然，写少一点。如果写错，再多写几题。”

“吃完点心再写好了。”

“去楼下玩一会儿电脑，再上来写好了。”

对阿嬷而言是：“可以啊，他可以不写。”对喜欢阿嬷的树而言，则是：“我不能跟阿嬷说‘不’。”

大人的期许、大人因孩子功课进步而表现出的欢喜，对孩子都是有影响力的。

我则反其道而行：

“让孩子可以写作业，可以不写，可以考很差的成绩……”

“让孩子去承受学习上可能的后果，感受到各种挫折、失望……”

“从小就能经历失败，才有机会学会如何应对压力。”

孩子需要黑白两张脸。我是黑脸，有时会凶，但不会因孩子退步而伤心，是一张足以支持孩子自由选择的黑脸。

树上小学五年级的某个晚上，他写了很久的作业之后说：“妈妈，好累喔！为什么一个字我都已经会了，还要练习这么多次？！”这声音对我来说很新鲜，因为在我的印象中，这孩子一向在轻松写作业，欢喜写作业。我看着作业本上因为打瞌睡而写得歪歪扭扭的字，说："儿子，写作业，需要有自由的心态……你现在最可能的自由，就是用最快的速度、最丑的方式，随便把你已经学会的字写出来。快快写，不要在意，只要写完就好。"

这种逆向指导，让儿子很紧张。他说："不要，为什么要写很丑？"像是怕我逼他写丑一样，他立刻打起精神，迅速、工整地把作业写完了。第二天，他跟我们说："我的作业好像越来越多了。"爸爸说："儿子啊，好好珍惜你现在还比较少的作业，因为，在学业这路上再往前走，作业只会越来越多，不会减少的。"

我说："对啊！妈妈高中时就已经很拼了，没想到到了大学熬夜熬得更晚。在美国念研究生时，用功用得眼圈都黑了，脚踝还因长期盘坐而长了茧。"树问："那毕业以后呢？"我说："喔，更用功了。我教书时，准备讲义……比读研究生时更拼命。现在，你看妈妈工作的样子，全神贯注、一心不乱，还有很多功课要做……真是太幸福了。"

"幸福？"树问。我说："对啊！虽然要念的书、要写的字，越来越多，却也越来越幸福。"初中准备考高中时，我第一次感受到自己也是能用功的孩子，当熬夜读书时，因为能吃到妈妈的点心，而感到幸福。高中时更拼命了，但在宿舍有一群朋友一起用功，感觉到一种奇妙的"共命感"也感到幸福。大学时，拼命写实验报告、读英语原文书，体会到了知识很神秘、很有趣的幸福。读研究生时，学习教育学、心理学、关于心理的知识、关于人的知识……当想象我能使用这些知识时，我就很欢喜、很兴奋。工作时，当然就幸福到极点了，因为那是我最爱的工作，怎么辛苦都很幸福。

“所以……”爸爸说，“要好好珍惜现在的‘少’，因为等上了初中，你就会觉得小学时的作业好少……要赶快珍惜现在‘作业少’。”“对啊，每次都要觉得作业真少。”我补充，“而且，你跟妈妈一样，是个喜欢知识的孩子。当觉得作业多时，就要找到自己能有的选择来感受自由。你可以决定把字写丑或写美，你也可以决定要拿高分或拿低分。你还能决定不写作业，并接受不写的后果，或用好玩的心情，把它写完。知识才是真的，作业只是接近知识的阶梯。知识是山，写作业是爬山。目的地是山的美，当然，爬山时要找到可以享受的好方法。有时爬山会很辛苦，但是，苦过后会变成甘甜。”

就这样，树度过了人生第一次学习压力，找回了写作业的快乐。

考试是“盟友”，不是“敌人”

树上五年级时，有一次月考的结果公布后，他很满意自己的成绩，然后跟我说："妈妈，我发现，其实我很在乎成绩。"我点头，表示同意，并且赞许说："在乎，可以是好的。因为你认真付出了，所以重视。"

对我而言，在乎功课有阳光的一面，也有阴影的一面。"在乎"的阳光一面就是重视——因为重视，所以愿意有纪律地练习、准备、全力以赴；因为重视，所以当得到满意的结果时，会很振奋，会被鼓舞到，也因此肯定了学习方法和方向的正确性。阴影的一面是，因为重视，所以当得到不满意的结果时，就会难受，受到打击，继而会有些困惑。若这个过程得到接纳与理解，困惑就可以转为"开放的好奇"，于是可以审视自己，看到自己还有哪些不足，重新调整方向与方法。若能下定"决心"养成"更好的习惯"，那就是一次很棒的"考差了"的经历。

拥有一次很棒的"考差了"的经历，关键是要把考试视为"盟友"，而非"敌人"。面对敌人，我们会害怕，而且想杀死他；而面对盟友，我们会带着信任与他合作。盟友通过挑战来增强我们的战技，即使输了，也会继续切磋琢磨。想让孩子把考试当成盟友，无论输赢都能从中获益，那么，父母就不要创造出如果考不好就会有的各种负向连接，不要恐吓孩子，不要使用惩罚。

以下连接，会让考试成为敌人：

考不好，会被打。

考不好，会失去一些“爱”（例如爸妈会生气、难受）。

考不好,会失去一些“地位”(例如被嘲笑、座位被更换)。

考不好，会失去一些“好的自我感受”（觉得“自卑”“笨”“我不好”）。

考不好，会否定事前的准备，觉得“白费了”（为了准备考试，而忘却了学习的本质，成绩不好时就极其失望。那失望不只是对成绩的失望，更是对人生的失望 ）。

若将考试成绩视为丈量未来人生成功的标尺，那就太沉重了。那些牺牲了生活中的自由与快乐来准备考试的孩子，会对考试的结果过度在乎。孩子的基本热情，是深刻地与人连接、与生命在一起的。0~7 岁的孩子，发展的是肢体与感官；7~14 岁的孩子，发展的是情感和对世界的关联。对世界好奇与敞开，是生命的基本热情，若因为功课而封闭了生活，就失去了生命的基本热情。

考试考得好是个酬赏，但不是用来酬赏人生，而是用来酬赏孩子的努力的。考试成绩更是一面镜子，不是用来照出自己是否够格、够好、够聪明、够重要，而是照亮学习的过程：专注力、时间规划、概念清晰、下功夫背诵、考试技巧。无论孩子成绩好或不好，父母要注意别把考试成绩与孩子的自我认同，以及未来是否能有好日子过连在一起。当成绩的重要性被过度放大，生命的热情反而容易被压抑。

努力，才是评估成绩的标准

某天，上初中的树被班上同学称赞“读书、考试都很帅”，因为他考试看起来轻轻松松，结果还好。但“帅”这个形容词，树并不认同，甚至有点生气。

他说：“他们都没有看到我的努力。”

我支持他：“那你就跟同学说：‘请看见我的努力，不要说我帅。’这样如何？”

本以为说了俏皮话会得到认可，没想到，树苦笑一下：“妈妈，初中没人这样说话啦！”后来我自嘲一番，承认自己的语言太严肃，不符合青少年的特点。

一个多月后，就在我没觉察时，树忽然很开心地告诉我：“妈妈，我们班现在流行的台词是：‘嗯，有练过！’”这句话从儿子口中讲出来，很有嘻哈的节奏感。

我好奇：“怎么说？”

他解释：

班长为什么作文那么好？嗯，有练过！

为什么我发球的时候，知道要踢到哪里最有利于进攻？嗯，有练过！

他举了很多例子，“嗯，有练过！”或“嗯，没练过！”不仅成了班上的口头禅，甚至成为一种焦点。也许树没意识到，他已经成功地把我们家的视野，包装成年轻人的文化，传递到了班上。

这孩子虽然看起来念书轻松，其实，他是真的有练过。父子俩一天到晚在讨论如何应对初中的功课，“上课专心听讲最重要”是我们给孩子的最高指导原则。至于要怎么专心上课，初一开学两个多月后，树就有了心得：

“妈妈，我开始用一种全新的方法来听生物课。本来啊，我就是放空，呆呆地听，然后有一天，我忽然决定不要这样。我开始在脑子里一直思考老师说的话，老师说的话我听进来就反复想，把前面老师所说的都连起来。然后，我做自己的笔记。虽然课本上都有，可是我会用自己的方式把老师说的重点都写下来。妈妈，这样上课，好好玩喔！”

我晓得，这孩子的功课至此，独立了。他在乎自己的努力多于成绩，他重视上课专心多于课后复习。他已经能自主独立地上学，也有能力反思自己的学习方法了。

“嗯，有练过。”这成了他评估自己与同学的准则，一个美好而让人期待的好标准。

你今天练了些什么呢？

第 06 章

用成长陪伴孩子的成长

孩子的需求是父母的镜子

旦旦 4 岁左右时，经常跟我要温柔。“妈妈，你什么时候会对我温柔？”我很诧异地说：“我白天有很多温柔的时候，不是吗？”她说：“我忘了。”于是我细数：“帮你梳头发、我们一起去买菜、抱着你一起看卡通片、帮你洗澡、讲故事给你听……”于是她说：“对耶！”就安静下来了。

我相信事出有因，径自回想起来。几天前，树在睡前落泪，我安慰他时，旦旦半张脸躲在棉被里：“妈妈，你可不可以不要对树那么温柔？”我很讶异，一脸迷茫。她解释：“因为我哭的时候，你都对我很凶；树哭的时候，你可不可以不要对他那么温柔？”4

岁的小女孩有些紧张地躲在棉被里露出半张脸说话，那样子真是可爱极了。我说：“喔，原来是这样。”然后回答她：“因为树很少哭啊，所以我对他有耐心一点。你经常哭，哭的时候还生气，我不知道该怎么办，就没有温柔了。”她听懂了，就不再阻挡我对哥哥的照顾。

还有一天，帮她洗澡时，我想起曾吼过她，就对她说：“还记得妈妈昨天吼你了吗？”她回答：“妈妈，你是不是我们家最常吼我们的人？”我点点头。她又问：“妈妈，你是不是我们家最常生气的人？”我虽不同意，却好奇她要说什么，所以又点点头。她说：“妈妈，为什么你这样一个美女，很爱生气呢？”被小女孩称赞为美女，我大笑起来：“你不要我对你生气是吗？”她又问：“妈妈，为什么常常哭的人，哭的时候你会对他很凶？为什么不常哭的人，你会对他比较温柔？”

小孩在问“为什么”时，经常是在表达“想要”，于是我问她：“你想跟我要更多的温柔吗？”她说：“嗯！”我说：“好啊，我答应你，会记得你想要我的温柔，会更认真地给你温柔。”我开始反思：女儿哭泣时我没耐心，是因为她一哭就成了不说话、不肯回答任何问题的孩子。那是一种无法互动的执拗状态。我问她：“那你在大哭的时候可以回答我的问题、跟我说话吗？”她竟然说：“这个你就不要问我了，因为你对我那么凶，我太痛苦，所以就哭了。”

这回答真是石破天惊。她哭的时候很难沟通，我就大声说话，她则说是因为我太凶，她才痛苦得哭出来。母女俩的情绪真像母鸡与鸡蛋，交相孵育。

已经极尽耐心和女儿互动的我，还被要求更多的温柔，要怎么做呢？于是，我把这事带入心中，慢慢地用爱收下，收下那个使用权威解决女儿哭闹状况的自己，收下那个有着特殊脾气、很敏感的女儿，收下生活中总有那么多事情要快速处理、对时间总感觉有压力的自己。我闭上眼睛与她的心灵沟通。在心灵视野中，女儿笑盈盈地在我面前，我问她："你最想跟妈妈要什么？"她笑着说："妈妈，我要你的光。"我瞬间明白，使不使用权威不是重点，重点是在使用权威时，我失去了爱，也失去了光。

用爱才能与女儿连接，用光才能被她看见。对爱与光如此敏感的她，成了我最好的镜子。通过她的眼睛与响应，我细致地觉察着自己的深层真实：给出关怀与照顾的背后，是否有纯净的光与爱？

父母决定了孩子们的关系

那一年，树 9 岁，旦旦 5 岁。我们夫妻俩忙着收拾房子，孩子们则玩得不亦乐乎。因为玩得太快乐，笑声迷人，很多时候我会忍不住停下家务看他们玩。树发明了各种游戏，旦旦唱和跟随。两人是好玩伴，跑步、追逐、角色扮演，不亦乐乎。

玩到最后，打起了枕头大战，各自躲在用坐垫堆起来的堡垒后面，枕头飞来飞去，我听到震天的笑声。过了一会儿又听到树说："对不起、对不起、对不起……"一阵安静后，旦旦说："好啦！没关系。"一会儿，又是震天的笑声、追逐，找出各种新"枕头"来丢。

这样的节奏重复大约两三回后，我听到"啊"的一声大叫，接着是"哇……哇……哇……"的哭声。我过去时，看到树一脸受惊、两颊红彤彤的，旦旦则正在张嘴大哭。原来是旦旦被打到了头，痛得大哭起来，树则吓得不知如何是好。我抱起旦旦，用手安抚她的痛，树安静地站在一旁看着我们。等到旦旦说"不痛"，不哭了，我问树："这件事情，下次怎么避免呢？"他说："因为我没让她。"这不在意料中的回答，我一下子没听懂。他又说了一遍："因为我没让旦旦。她都用小东西丢我，而我用大东西丢她。"

晚餐时，我们花时间讨论了怎样制定适宜年龄差异的游戏规则。我问："下次玩枕头大战，什么可以丢？什么不能丢？"两人纷纷把东西分成可以丢和不能丢的。关于丢什么不会把人弄痛这点，旦旦一下子就能清楚区别，树则有些迟钝。

在讨论过后，我赞许他们："旦旦，你的体力和反应力都进步了，哥哥才把你当成对手，不惜用重抱枕来赢你。树，你的关心力进步了，你会主动说'对不起'，旦旦哭的时候，你没有逃跑，也没有替自己辩解，虽然被吓到了，但你还在关心中。妈妈觉得你们都很棒。而且，你们可以独立玩耍，游戏后还会物归原处，妈妈为你们感到骄傲。"最后，只有旦旦有意见："我觉得我3岁的时候，树对我比较温柔。"大人都笑了，只有树已沉浸在书里，不以为意。

是啊！3岁时的旦旦，树还没把她当成对手，没有竞争心，就不会忘了要让。"我忘了让她"真是个好体会，我并没有教他"下回要让妹妹"，而是教他们"一起"制定出有体力差异还能一起玩得安全快乐的游戏规则。如果我说"下回要让妹妹"，就把责任与重量加在了一个9岁男孩的身上；而说"我们来制定游戏规则"，则让两人共同负起了互相陪伴与照顾的责任。

谁对谁错不是重点，重点是，我们可以学到什么？如何改变可以让事情改善？这里谁拥有的主动性最大，谁就能率先拥有"权利"来改善处境。这样的家庭默契，很容易就奠定了全家和谐、相爱的基础！每件事的背后，都有需要学习的地方。没有对错，没有什么不应该发生，我们要做的，就是用爱收下已经发生的，带着敬意互相了解，并找到可以共同前进或改变的步伐。

指责，是大人承受不起冲击

事情发生了就是发生了，无论情况轻重，“接纳已经发生的”是第一步。在上文中，若用想象力把事情扩大，假设树用大石头打破了旦旦的头，她不只是哭，还需要缝合，那么当妈妈的我一定会饱受惊吓。身体受伤会让更多的旧阴影被震出来，可以想见，丢石头的树受到的震撼也会更大。而这么大的震撼，会把孩子的心灵打得很开，那时，大人说的每句话都会直接刺入孩子的心灵深处，对其人格塑造产生巨大影响。除了旦旦得紧急止血、送医，树情绪“破洞失血”的状况，也须处理。

在这种情境下，大人实施紧急行动时，需先提醒自己深呼吸，把惊吓与生气吐出。如果因一时情急，瞬间做不到用爱包围，至少要先抱抱哥哥说：“发生这种事情，你也吓到了。妈妈现在要先送妹妹去医院，回来我们再来照顾你的惊吓，知道吗？”

大人若能照顾自己受到的冲击和害怕，不去指责，会让孩子持续敞开自己柔软的心，并有力气勇敢地去关怀他人。年幼的孩子在意外导致他人受伤时，会非常害怕，若大人以责骂甚至责打来响应，孩子不但会失去关爱的心，还会被打上暴力的烙印，变得冷漠。而那冷漠，其实是为了遮掩内在过多的自责与罪恶感。

“你为什么这样做？你为什么用石头丢妹妹？难道你不知道石头会伤人？”这些质问，本质上是希望已经发生的事不要发生。然而，这样冷冰冰的质问，会让我们失去爱。

这个假想的情境—— 9 岁的哥哥用石头丢妹妹——相较于用大抱枕丢妹妹而想赢的动机应该略有不同。若哥哥一时失手造成有死亡危险的伤口，父母须留意孩子潜意识里是否有积压的愤怒与恨意。手足的竞争，有时难免会有这种情绪，孩子通常不易觉察，也很难承认。我们在着手处理时，需要更多的爱与包容。

如果我来处理这样的事情，我会对树说：“刚刚妈妈带妹妹到医院，医生……”把医疗细节，包含医药费，还有未来的伤疤、脑震荡观察或复原等，都向孩子一一说明。这都是活在社会中要学习的知识，也是全家要一起承担的。然后，跟他说：“妈妈很高兴，妹妹和你都还活着，可以一起健健康康长大。妹妹受了伤，我们要相亲相爱度过这段困难期，你要有心理准备，这阵子妈妈会需要你更多的帮忙喔。”给孩子一点事情做、一点责任来付出，是疗愈孩子内在惊吓、压抑的愤怒，将其带回爱中的最好方法。

接着，可以问孩子："妈妈想让你回想一下。可以请你闭上眼睛吗？你回到丢石头的那一瞬间，用手摸摸自己的心和头，有什么东西在里面？什么想法？什么画面？什么感觉？"聆听孩子，他说话时别打断，也别管教，让他有机会在爱的承接中，把内心的影子说出来。即使他说不出来，也接纳这样的状态，无论他说什么或没说什么，都收下。

最后，把孩子抱到怀里祈祷，我喜欢这样祈祷：

亲爱的天父地母，谢谢你的守护，让今天发生的事情最终一切平安。

谢谢你疗愈了儿子心中的洞，照顾他的惊吓与害怕，还有可能的愧疚，以及那个让他丢石头的冲动和背后的影子。

谢谢宇宙的光和爱，守护我们，也教导我们要加倍在你的爱中实践爱。

谢谢你教导我怎样让孩子感受到我的爱。

在灵性层面，孩子同父母一样成熟

树即将上小学一年级那年，有一次，他说了几句很冲的话，我因而对他很严厉。

事后我这样反省：由于传统观念还捆绑着我，所以，当孩子说话很冲时，我便失去了柔软的爱，给出了严厉的教导。严厉教导，其实也很好，但重点是我失去了爱。孩子的话语冲撞到了我，我就使用权威，振振有词，高高在上。这是我少有的权威时刻，它导致了母子冲突以及关系的疏离。然而，疏离已经发生了，我只能臣服收下并珍惜，珍惜这个可以让我觉察自省的时刻。

我珍惜这些亲子冲突带给自己的学习机会，虽然会不舒服、麻烦，但我知道这些冲突背后是更大的机会。

这时我的祈祷如下：

亲爱的大地妈妈，
我们都是您的孩子，
我们在这里相遇，以母亲与孩子之名共舞。
亲爱的大地妈妈，
我们在您的支持与爱之下成长，

请让我们，更能与您的力量连接，
脚踩得更稳固，每一次都能回到当下。

“我们在这里相遇，以母亲与孩子之名共舞。”孩子与我来此结缘，像两个成熟的演员在上台前说好：“在台上，我扮母亲，你演儿子。”于是，我们以母子之仪互动，母亲恪守管教之职的同时，也得保持同学情分的敬重。我们的灵魂一样成熟，只是在此世的人间经验，我早他几步开始而已。

愿这份提醒长存我心，当自己对孩子以高姿态说话时，能记起这份约定，可以严厉，可以管教，但不涉及人身攻击，不强调罪过，不撤走情感联系。

父母的相互敬重，是孩子的力量

亲子教育，尤其是当家中不止一个孩子时，要想教会孩子们相亲相爱，最自然的示范就是夫妻间的和谐相处。即使离婚也可以和谐相处。如果想教会孩子自我荣耀感，最本质的做法是什么？就是让孩子能感受到父母之间对彼此的敬重。无论是离婚或再婚的家庭，在孩子的精神上，父亲与母亲就是他存在的源头。无论你和配偶之间有多少困难，敬重他／她，就是在把敬重带回自己的生活，也是在把荣耀与珍惜带到孩子的根本之中。

某日，有个爸爸来找我倾诉，他家孩子对学习严重焦虑，以致出现了失序的强迫行为。这是位很用心的爸爸，希望通过亲子工作来支持孩子。后来我们发现，孩子的焦虑与孩子妈妈因婆媳关系不佳而压抑的情绪有关。因此焦点是让这位丈夫表达出对妻子的感谢与抱歉，还有爱。通过表达夫妻间纯净的敬意与感谢，孩子平静了。

如果家庭是海洋，孩子是在其中悠游自在成长的鱼儿，那么夫妻间的本质关系、在内心深处对彼此的感谢与敬重，就是大海的水质了。那些没有表达的愤怒，那些没有说出口的不公平感，那些深埋很久的失望……都是倒入海底的垃圾，污染着海洋。

在情绪的本质里，这些愤怒、不公平感、失望等，都有一部分与自己有关，它们需要被净化与释放，需要被带回我们的爱与看见之中。当我们恢复了对这些情绪的自主权，用爱来消融它，就可以看到每个情绪背后都有更大的学习机会——可能是要改用新的眼光，可能要告别婚姻的旧结构，也可能只需要换个新的表达方式。

孩子需要在我们的爱中长大，而夫妻关系则是家庭中爱的核心。孩子不一定要生长在一个标准的双亲家庭，即使是单亲，即使夫妻分隔两地，即使是养父养母或继父继母，我们能做到的，就是对彼此的接纳与敬重、原谅与感谢。

第07章

用尊重保护孩子的灵性

带着敬意与孩子沟通

旦旦将满两岁时，洗澡的时候会挥着小手开心地跟水打招呼："Hello，水。"她欢喜地和水像老朋友一样寒暄。

那几年，我跟随孩子一同学习，hello成为喜悦的开头："Hello，水。""Hello，火。""Hello，太阳。""Hello，风。""Hello，爸爸。""Hello，妈妈。""Hello，阿树。""Hello，旦旦。"

起初是孩子唤醒了我的喜悦，接着我便用这样的方式陪伴他们。孩子可爱的行为是从本能智慧而来，在我眼中就是对世界的敬意。还没被社会教导出分别心的孩子，满怀对万物的亲密与敬重，不是可爱的无知小家伙，而是前来唤醒我记忆的智者。

在这个更大的美好世界中，孩子拥有智慧的灵魂，只在肉体与社会层次需要我，在灵性层次，我们可能是姊妹、师生、好朋友。我负责在她长大的历程中，守护她的心灵，并以前辈的方式保护并教导她。她两岁时，我这样对她说：

“旦旦，妈妈等一下要下去倒垃圾，你要跟我一起去吗？”

“这个牛奶罐子可以回收，不用丢垃圾桶喔！”

“来，要不要来看看你的大便？是不是好厉害啊！这么大坨。”

“跟大便说再见，说谢谢它带走你身体不需要的东西。”

“来，看一下，你今天的大便糊糊的，肚子不舒服吗？”

“告诉妈妈，你身体哪里痒？要擦乳液吗？”

“旦旦，明天一大早，你醒来的时候会看到爸爸和哥哥，妈妈不在家，想念我的时候用心中的眼睛看，就感觉得到喔！”

我会预报并和她商量：

“旦旦，看看天空，现在你留在阿嬷家，等天黑的时候，妈妈再来接你？”

“不要。”她说。

“喔？那黄昏，天还没黑，太阳刚刚走，妈妈就来接你？”

“好！”她微笑。

“旦旦，你要坐后面的安全椅，就不会被太阳晒了。绑安全带不舒服，可是会被保护！妈妈想办法让你更舒服好不好？”于是，我帮她多裹条大毛巾，她就依了。

女儿虽小，但什么事情都有见解与看法，信任她可以沟通，并把她当成有主权的个体来沟通，就是在奠定未来她能管理自己并尊重世界的基石。

在孩子幼年时，带着敬意的沟通看似费神费时，但孩子逐渐长大之后，你会轻松许多。在孩子小的时候就投资时间，等孩子到了青春期，那份相互敬重与信任的相处所耗费的时间和精力，就 10 倍奉还了。

说“谢谢”，与世界建立美好关系

有一天，我们带孩子去山上野餐。天气晴朗，空气令人舒服，孩子跑着、笑着、快乐着。

野餐前，我带大家一起说：“谢谢今天的新鲜空气、温柔的风，还有薄薄的阳光。谢谢旦旦和树的笑脸，谢谢爸爸的陪伴。”

爸爸说：“谢谢妈妈的午餐，还有，谢谢树照顾旦旦。”

树说：“谢谢旦旦跟我一起玩。”

旦旦说：“谢谢鸡蛋。”

我们全家经常这样说“谢谢”。

晚餐时会轮流说“谢谢”，对象不一定是眼前的人，可能是大自然或土地，可能是食物或我们的房子，也可能是班上的同学或菜摊的老板。当孩子说起班上的事情，我会根据情况并谢谢某人。

这是一份慧黠的心、柔软的情意。当父母能率先拥有这份心情，做出美好的开始之后，孩子便能跟随。

那几年孩子还小，我们做了好一阵子这样的晚餐仪式。后来，忘记是从什么时候开始，晚餐的仪式被其他活动代替了，可是这种谢谢的心意、敞开的柔软，已成为孩子的内在本质。

说“谢谢”，让孩子的心不只聚焦在自己身上，而是向互动的客体敞开，无形中与提供支持的世界建立起美好的关系。

有一次，我去一所学校带领教师团队工作。那是一所体制外的私立学校，教室里有榻榻米地板，还有很多实木的矮桌子，朴实而敦厚。

一向随性的我，在活动与演讲的空当，自然而然弯起膝盖，眼看就要坐上那桌子了。忽然，屁股在桌面上停了下来，那是一种“不能坐”的细微直觉。我抬起屁股，站直，问该校的老师：“请问你们学校的桌子可以坐吗？”

因为敬重我是外来讲师，老师们笑笑回答：“不要给学生看到就好。”原来，这所学校教导学生要恭敬对待万物，学生是被禁止坐在桌子上的。桌子的功能就是桌子，是不能坐的。

不坐在桌子上，最重要的原因是敬重桌子的意愿。记得美国演员罗宾·威廉斯在《春风化雨》这部电影中，最脍炙人口的一幕，就是他示范站到桌子上看世界，让孩子体验到，站在桌子上面就是不一样。我猜，在那种具有意义的特殊情境下，桌子也乐意让自己成为教育的幕后功臣。

要摘花或摘叶子时，问问它们的意愿。

要修剪植物的枝叶，甚至要砍树时，请事先跟植物打招呼，好让它们把感受撤出，不会痛。

使用完桌子、椅子，要好好地谢谢它们。

吃东西前，用爱与光祝福并感谢它们。

吃完东西，向天地和幕后功臣说："谢谢招待。"

向晴天道谢，向雨天感恩……

我们感谢的对象就是我们珍惜的。这个世界如同姐妹兄弟般环绕着我们：空气、微风、薄阳、女儿的笑脸、爸爸的陪伴、妈妈煎的荷包蛋……这些都带给我们幸福、支持我们的爱流动着，因为说"谢谢"，它们成了我们能感知的目标，成了心底的珍惜与召唤。

当孩子日复一日处在这样的经验中，幸福就成了必然。

请大地妈妈帮忙

上小学二年级的旦旦很兴奋地说："妈妈，因为我生病请假，同学的绿豆都比我的早 3 天就种下去了喔！可是，我在种种子时偷偷请大地母亲用生长能量照顾它，结果你知道怎么样吗？我的种子长得最快耶！妈妈，这样算不算作弊？"

我说："那就把生长能量送给全班的种子啊。"

她摇摇头说："我还想要享受拥有这种秘密的感觉。"

她每天都手舞足蹈地跟我描述她亲手种植的种子长得如何如何，同学们都开始来跟她要豆子。她这样说："妈妈，我只送好朋友豆子，其他人，我就偷偷帮他们的种子祈祷生长能量，请大地妈妈帮忙照顾了。"

"然后呢？他们的长得很快吗？"

她闭上眼睛，像个洋娃娃一样睫毛闪呀闪，点点头。

与神性连接的幸福

"妈妈，不公平，为什么哥哥那时候拔牙，医生送了他小玩具，而我拔了 3 颗牙都没有小玩具？”

旦旦忽然发现哥哥 3 年前的小玩具，抗议起来。

我觉得好笑：“可是，你拔牙不是很轻松吗？爸爸说那个女医生拔得又快又好，一下子就好了，你一点痛苦都没有。”

她说：“不公平，我没有觉得痛，是因为玛利亚抱着我啊。”

她要去拔牙前，因为万分抗拒而恐惧，我带领她冥想，带她连接天堂的圣母玛利亚，并教她可以在拔牙时请玛利亚抱着。我跟她保证在爱的保护下会非常放松。拔牙后，她神秘地点点头，很开心地跟我说：“我有被抱着喔！而且很舒服。”

想想，未来当女儿 30 多岁时，也许我就要当阿嬷了，她也会说：“妈妈，今天我生产时，是菩萨抱着我呦。”

拥有无形的光，存有恒常相助，是多么幸福的一件事。

风陪我接力赛跑

“妈妈，妈妈，今天接力赛跑你知道怎么样吗？”上小学二年级的旦旦兴奋地说。

赛跑前 3 天安慰、劝服害怕赛跑的她时，我早就猜到她会这样兴奋。

“妈妈，你知道我们班的大队接力赛跑了第几名吗？”

我摇摇头。

“第一名耶！”她大叫大跳。这倒是我想都没想到的。

“妈妈，轮到我跑的时候，我很紧张、很紧张。然后，我就跟玛利亚说：‘谢谢你用光带走我的恐惧，然后，用风推着我，让我跑得很快。’我就一点都不害怕了，还跑得超快喔！

“跑到终点以后，我看到我们班那些跟我一样很紧张的人，我也偷偷帮他们祈祷，祈祷他们的恐惧可以被带走呦。”

你可以想象，掉了 3 颗牙，说话其实有点小小漏风的小女生，兴奋至极、满脸红彤彤的可爱样子吗？

孩子的能量河流

睡前，8 岁的旦旦大喊睡不着。

我说：“那，我带你祈祷。”

她说：“不要，千万不要。我喜欢这样。”

我说：“好啊，你不要玛利亚抱抱，那就妈妈抱抱好了。”

没想到，她一翻身说声“不要”，抓着我的手就睡着了。

现实生活中的女儿，很多时候会没信心，会害怕，但也有很多充满活力又快乐的时刻。她一一克服生活里的各种困难，逐渐有了些自信，可以继续前行，继续面对挑战。她和天堂的连接真的很有力量，是我学习的好榜样。

即使是与天堂稳稳连接的孩子，也会体会到悲欢离合，伤心、欢喜、哭泣、大笑、平静、愤怒、执拗、依赖，这些都是孩子人性的表达。这些充满感情又让父母感到麻烦的情绪体验，能连接到更大的平静与释然，是最重要的修行。这些流动的生命能量，正在通过孩子的生命。只要河道顺畅，什么情绪都不麻烦，反而会一次次加深孩子在人间站稳脚跟的力量。

经过几年来的经验积累，当妈妈的我学习到：支持孩子生命河道的畅通，就是在孩子变得“麻烦”时，我可以安在，并给予有连接的宽容，然后等时候到了，拉孩子一把，找些方法协助孩子从麻烦中出来，让孩子愿意回到这世界的明亮面。

欣赏孩子的哀伤

旦旦即将幼儿园毕业那年的某日，她跟我说：“明天就是成果展了，我好紧张喔！”

幼儿园每学期都会出一个主题，在期末办成果展，邀请家长来参观。旦旦很重视班上的集体活动，每天都央求我晚点去接她放学，花了一个月的时间来准备，终于到了成果展前夕。

我说：“这么紧张啊？那就深呼吸吧！”

她说：“妈妈，我心跳好快。”

我回答：“那就想象，成果展已经结束了，现在都完成了……就不用紧张啦！”

这话的确有用，她进入冥想状态后就不紧张了。但没想到，过了一会儿，我转头却看到她泪眼汪汪：“我好伤心，成果展这么快就结束了。”

原来这样浅尝完成的想象，就能引发她如此深的哀伤。她承受着欢乐结束后的失落：“我就要毕业了，这可能是最后一次成果展了。”

我说：“放心，还有半年呢！你要到 6 月才毕业啊。”她的泪还是止不住频频落下。我摸摸她，用爱静静陪伴她，想着：可以这样静静哀伤的孩子，能拥有失落与思念，就有勇气面对真实。

“妈妈讲个故事给你听好吗？”我问。她点点头，有了微笑。于是我讲起晚上刚看的、她从学校借回家的绘本，是一个王子跟国王吵架后，跑出去找老师的故事。她听着故事，被安慰了。故事的美好结局——王子从老师那里学得智慧，回到了国王身边——让她很幸福。于是，不到两分钟，她就睡着了。

第二天清晨，看着她睡得安详的脸蛋，我欣慰：女儿带着如此柔软的心来人间体验着悲欢离合。小时候的我也多愁善感，最害怕别离。而今，我 50 岁了，知晓那份悲欢离合“总成空”是必然，无常才是恒常啊。我愿意接受无常的礼物，敬重那份空：借由悲欢离合来体验什么是珍爱，可以宽心地欣赏女儿的伤别离。

第09章

用理解守望孩子的内心

住在明日之屋的孩子

还记得纪伯伦的诗吗？

你们可以把你们的爱给予他们，却不能给予思想，因为他们有自己的思想。

你们可以建造房舍荫庇他们的身体，但不是他们的心灵，因为他们的心灵栖息于明日之屋，即使在梦中，你们也无缘造访。

诗人说，孩子的心灵栖息于明日之屋，我们无缘造访，父母能做的是建造房舍，庇荫他们的身体。经过8年密集的能量学习后，我从能量的眼光来看：新时代的孩子们，不只他们的灵魂为我们带来了明日的知识与能量，连他们的身体细胞都比我们的更光亮，没有阴影。新一代与旧一代的差异，除了社会文化不同，灵魂本质也不同，身体含光的饱和度也不一样。近十几年出生的孩子，他们把内在天堂带在了身边。因此，当今的父母需要学会能量层次的沟通，从能量层次的角度与孩子互动，维护他们与天堂的连接。

从另一个观点来看，当孩子，尤其是非常年幼的孩子，无法与我们互动，表现得让我们惊诧、挫败时，我们不妨换一种眼光来看：也许是因为我们的频率还没校准？

当我们为了与孩子频率一致，而活得充满信任时，孩子不仅带给了我们光，还让我们记起了自己内在的光，活出最真实的自己！

孩子的难搞是父母的礼物

旦旦两岁多时，绝对是个让人欢喜的孩子，只是有些时候会很难搞。对于这些难搞，后来我逐渐有了些心得，将之命名为“神秘的存在”。

洗完澡后她不喜欢穿衣服，不喜欢吹头发，而是喜欢光溜溜地到处玩啊玩。对于这一点，我挺心宽的，爸爸比我更心宽，我们会关掉冷气与风扇，让她尽兴玩一玩。有时候，我真的很热，想开风扇或冷气，或者帮她穿上衣服，吹干头发，她每次都会说“等一下啦”。她似乎有会因为无奈或挫折诱引出怒气的倾向。

后来，我找到了个好办法。我会说：“旦旦，吹头发了！”

她：“为什么？”

我：“因为，这样才会很健康啊！”可能“健康”对她没吸引力，她不理我。“健康”这个概念，对树可是 1 岁时就有效了。

她拿着纸张继续玩，还是玩过家家的动力比较大。看出她处在玩过家家的能量后，我就说：“旦旦，来吹头发了。”

她：“为什么？”

我：“因为你要给我 10 块钱。”

她回头看我。我继续说：“吹一次头发 10 块钱，我这里是美容院。”于是，她走过来，把手上的纸张给我：“老板，给你 10 块钱。”然后便坐在我身边的沙发上。“小小姐，谢谢光临。请问你要喝水，还是喝茶？”

她得到了吹头发的服务，而我的心也可以放下了。接着，我继续陪她玩了一会儿买东西的游戏。我无法引导她进入理性世界，而当我决定进入她的想象世界时，事情就通了，问题似乎简单了很多。

有一天，入夜了，旦旦一副不满足的样子，赖在地上断续啼哭着。树年幼时，只要柔声聆听与询问，他都会回答，也会告诉我们他想要什么。而旦旦不一样，即使柔声询问，她在这种时刻，一概不答。

“想睡觉吗？”

“想吃东西吗？”

“想要被抱抱吗？”

“想喝奶吗？”

她一直赖在那里，不说话也不点头，一副被情绪困扰的样子。于是，我决定全家的进度不停留在她的情绪中，抱起她来到浴室门前，说：“这里有好多穿过的脏衣服要拿去洗，你要帮我拿吗？还是我抱着你拿衣服？”她似乎想回答，但还是没说话。我又吆喝：“树也来帮忙吧！看看谁拿得多。”然后，动了起来，从情绪困扰中出来了。

拿完衣服，她还被我抱在手上。我说：“我要去尿尿了，你跟我去吧！”

到了浴室，我说：“旦旦，我要尿尿，你站着等我吧！”

她：“不要。”

我说：“好啊，我会尽力抱住你，但不晓得你会不会掉到地上。”然后，她就自己站好了。接着我说：“我们来刷牙吧！今天刷牙，明天就可以吃巧克力，还有 QQ 糖。树，要不要一起来刷牙？”树：“我只要 QQ 糖，不要巧克力。”旦旦说：“我要巧克力，还要 QQ 糖。”树自己刷了牙，素来刷牙颇麻烦的旦旦，今天也张开了嘴巴。我说：“刷前面，这是吃水饺的虫虫。还有，吃 QQ 糖的虫虫住在后面。吃巧克力的虫虫住哪里？楼上吗？”通过讲富有想象力的故事与角色扮演，很快，我们就完成了睡前例行的家务与盥洗，一切顺利。

孩子真是个神秘的存在，她要的只是我坚定的爱和不放下的陪伴。于是，我一直抱着她，再加上使用几个小技术：给她选择、照顾自己的需求、和哥哥的一起游戏……她的心好像就通了。

还有一天，当时除了我，大家都洗过澡了。我正在泡澡时，旦旦跑过来想要跟我一起。我拒绝了：“妈妈想要一个人，你想泡澡等一下找爸爸一起。”过了一会儿她又跑过来，衣服已经脱光了，还戴着泳帽，胸前挂着蛙镜，一脸忧愁：“可是我一个人泡澡会很寂寞，怎么办？”她低语着，边走边说：“可是我一个人泡澡会很寂寞，怎么办？”

我轻轻地叹了口气，有种无可奈何的好笑感。我抱起小小的她，邀请她到我的浴缸里来：“旦旦，妈妈邀请你进来，你就不寂寞了。”

当妈妈的我偶尔也有独处的需求，感觉让她进浴缸，自己的独处需求就被剥夺了。然而，她的表现，让我忽然不需要独处了，而是用玩乐的心情来放松与休息。她很开心，她戴着粉红色蛙镜、蓝色泳帽，在我的浴缸里玩得像条美丽的小鱼。

我经常这样诠释女儿的难搞——孩子的存在是要来教导我："快乐是人生的动力。"当我越来越能和她互动，把严肃的现实放后头，让玩耍居前时，我发现，对现实感很强的我而言，暂时放松并不会牺牲什么现实；相反，有了快乐能量和游戏创造力的陪伴后，生活多了音乐与欢笑。只要我敬重她这神秘的存在，而不是嫌她烦或难搞，世界对我就多了份恩典。

6 年后，我在美国完成了一个大课程，毕业时，我敬重的 Mara 老师说："Mali，你一直是这样严肃、专注，让每件事都在掌握之中。可是，我昨天看到了你真实的一面，那么自由、那么野性、那么年轻……你打起鼓来是那么野性，那是你的真实，那是真正的你，把她活出来吧！"原来，女儿给了我一个重要训练——野性与自由的训练。

感受，比言语更有效

每个人的感官所体验的世界都不一样，都是独特的，最困难的是通过别人的眼睛去看、通过别人的心去感受。虽然困难，但尝试去做很重要，若能做到，就会带来奇妙的同心感。大人要进入孩子的世界，更需要这样的感知能力。然而一开始，我们需要孩子用语言的描述来帮助我们。

在两个孩子分别上六年级与二年级时，有一天开车载他们上学的我，想了解他们对老师的主观感受，便问："这个老师对你而言是什么感觉？温柔或冷漠？信任你或唠叨你？"

他们回答说："一开始以为是温柔，后来……形容不出来耶！"于是，我想到可以用特别的方式来试试看。

我引导他们：

闭上眼睛，去感觉他整个人是什么颜色。跟穿的衣服无关喔！就好像你靠近他的时候，会被一种颜色包围，那是什么颜色？透明感呢？是透明多些，还是不透明多些？颜色像画笔的颜色一样单纯，还是像你把水彩混在一起混浊的样子？

当你靠近他，如果伸手去触摸——不是真的能摸到，而是用想象力去触摸——手的感觉如何？软软的？硬硬的？黏黏的？冰冰的？暖暖的？松松的？刺刺的？滑滑的？

闻起来是什么气味？没有味道？水果的气味？肉类？金属？森林？还是人工的香水？如果可以吃——假设你愿意尝试——是甜的、咸的，还是苦的？还有啊，像树，你玩过网络游戏"赛尔号"，知道什么是"属性"，那么他是木头？闪电？风？水？泥土？……

树形容了一个老师，她是机械系的，摸起来硬硬的，有点冷，气味是有些不通风的味道，颜色大概是咖啡色，像是用很多水彩颜色混在一起的感觉，吃起来像面包，不过是那种冷掉了、松软的面包。

旦旦也形容了班主任：星星系的（虽然旦旦一点都不知道“赛尔号”是什么），果冻感，甜甜的，有水果香气，有点软，香香的。

这时我不禁好奇，他们怎么感受妈妈？结果，我给两人的感受很相似：妈妈是粉红色或紫色的，圆圆的，香香的，甜甜的，是神系或水系的属性。这真的很好玩。在我的想象中，有一团粉红色圆圆的什么，正坐在驾驶座开车。

这些就是能量层次的表达，把那种无形的能量感受，转换为感官语言来描述，于是听的人可以借由这些感官知觉的形容，进入孩子的世界。这让我瞬间明白了老师带给孩子的感觉，对于日后该用什么方式与孩子的老师沟通，也有了更多的参考。我们可以用这种方法来审视孩子与身边大人的互动，也许是老师、保姆、他们的朋友，或是我们自己。不仅大人可以审视孩子所接收到的能量，孩子自己也能通过这样的厘清，多一点有感知的选择。

更重要的是，孩子可以养成在能量层次去感知生活的习惯。

大人可以试着这样问：

妈妈生气的时候，摸起来是什么感觉？

你跟这个朋友一起玩耍，有他在的地方，周围的空气感觉起来有颜色吗？

你跟这群朋友在一起时，心中的光感觉可以更大、更自由，还是缩小了？

感觉一下，你吃下这个东西之后，呼吸几下，身体变得更开心，还是不开心？

闭上眼睛看孩子

有一年，我带领亲子活动，让父母与孩子把耳朵贴在彼此的身体上聆听，然后，闭上眼睛去看。这样的沟通练习，带来许多奇妙的心灵互通，大人的心能被孩子感受到，大人也可以超越平日的框架去感受孩子。

听些什么呢？听听心跳声，听听身体里液体流动发出的声音。我们让彼此说话，然后用心灵的眼睛去看，看看可以看到什么想象中的画面。有味道或表情吗？我们练习不只去听言语的内容或逻辑，不只去听事情的脉络或因果，而是使用右脑，使用无形能量的感知力去接触内在的直觉，以及与此谈话能量呼应的各种信号。

这练习是让大人先说话，孩子则趴在大人身上，把耳朵贴近胸口或肚子来聆听。接着，等大人说完之后，孩子安静地闭上眼睛回想，看看大人的言语让他们看到些什么。这个练习也可以角色交换，当孩子说话时，换大人趴在孩子身上听。我自己的经验如下：

旦旦趴在我胸口，听我说着："一大早，我就一个人开始打扫房子，因为明天要上课。我收拾这个，收拾那个，一个人东扫西扫……"

她："我看到有一只灰灰的扫把飞来飞去。"这灰灰的扫把，描述了我孤单的心情。

我又说："妈妈还收到阿姨的信，她想念小舅舅，我也是。"

她："我看到蓝色的，还有一张脸和大眼泪。"

我说："是啊，妈妈平常还好，真的想起来，是会伤心的。"

我再说："今天中午，妈妈一个人在山上吃东西。我把白饭放在锅里焖，加上酪梨，最后加上柴鱼酱油，一个人慢慢吃，我觉得好享受喔！"

她开始兴奋起来："好好吃喔！好好吃，好好吃的感觉，好多好多，太多啦！"孩子直接用身体感受到我吃东西的好吃感，非常具有穿透力的实体经验。

这样的母女对话很有意思。当我趴在她身上听她说着一天的点滴时，我也有很多画面与颜色呼应，还有味道的感受。而每次我的回馈，都让她尊重地点头。这样的对话很精彩、热闹，像是品尝着能量大餐。对大人而言，最奇妙的莫过于平日用大脑来听时，会用问题意识过滤我们的聆听，习惯聚焦在不好的、有状况的地方。然而，许多时候孩子是安好的，只是需要一个人去贴近、去分享那份经验的独特。即使有什么地方需要帮忙，也是在聆听与靠近之后。

对我而言，这样的聆听建立了深入扎实的关系。因为父母能使用感官来聆听，而非使用头脑，亲子间就有了心灵相通的神秘连接。

树也用这种方式来聆听爸爸说话。树回应说："我听到爸爸说的话都来自他的头脑。就像用电脑打字一样。我看到键盘和敲打键盘的手，还听到键盘的声音，咚咚咚……"这是很传神的感触，爸爸正是这样的思考型男人，快速地思虑、判断、计算。孩子能这样感知父亲，是莫大的亲近与理解了。

讲故事是父母的智慧

旦旦是个很爱听故事的小孩，她哭的时候，十次有九次可以用故事让她止哭，这些故事都是我随口瞎掰的，她 3 岁左右时，一个新故事大约可以使用 2~4 周。她会不停地根据自己的情境，指定她想听的故事。

瞎掰故事的原则很简单：把想要说的重点当成回旋的旋律，一次次想办法放入故事里。故事的情节虽是即兴创作，却能隐喻孩子的日常生活；角色是套入的，让孩子成为故事的主角。而故事的细节最好呼应现场的现象：外来声音、心情或两人的互动，使用韵律与动作，把孩子的感知与故事连接在一起。我们来看看《睡不醒的小兔兔》的故事，这是某个周日边玩边讲给赖床的小孩听的故事。小兔兔是旦旦最爱的小动物：

小兔子啊，非常想睡觉。（这句话直接描述女儿的现场状态。）

虽然天已经亮了，但她还是很想很想睡觉。（同理，再次呼应她的状态。）

虽然太阳公公早就来到天空了，但她还是很想很想睡觉。（想睡觉成为回旋的主题。）

太阳公公就发出他的光芒，他的光芒就像温柔的刺一样，嘟嘟嘟嘟……嘟嘟嘟嘟……嘟嘟地刺在小兔兔的身体上。虽然小兔兔的毛很长很长，但太阳公公的嘟嘟嘟嘟……

嘟嘟嘟嘟……还是可以刺到她的毛里面。太阳公公的刺好温暖好温暖，小兔兔觉得有一点痒痒的，好想笑，好想笑。（说着“嘟嘟”时，我用手温柔地戳她，呼出热气呵她痒。）

太阳公公想叫醒她，可是小兔兔还是很想睡觉。

于是小兔兔就一直跑，她想跑到洞穴里躲起来，让太阳公公的光找不到她。不过，很神奇的是，太阳公公的光居然可以照进洞里。（女儿躲到棉被里了。）

太阳公公的光芒照入小兔兔的毛，还发出吱吱吱吱的声音。吱吱吱吱……吱吱吱吱……于是小兔兔继续跑啊跑啊。她跑了好久好久，最后跑到一个黑黢黢的洞里面，太阳公公终于照不到了。好啦！这下子我可以睡觉了吧？

小兔兔还想睡吗？跑了这么久，小兔兔其实早就醒来了。（这是现况与实情。）

她干脆离开洞穴，一下子就冲到了外头的天空下，跟太阳公公说：“早啊！”

我们再来看一篇睡前让孩子甘愿入睡的温柔好故事：

从前有一颗漂亮的紫色毛线球，她说：“我最喜欢紫色了。”其他毛线：“原来你喜欢自己的颜色啊！”紫色毛线球跟许多其他颜色的毛线球一起住在毛线店，闲下来时，大家喜欢聊自己未来的梦想。白色毛线说不确定自己以后会是什么，会是白色的挂着两颗小球的毛线帽，还是白色的围巾呢？“其实变成一件大毛衣也好。”紫色毛线想着，如果变成大毛衣，那自己最喜欢的紫色就会变成一大片，比现在更大。

有一天，店里来了一群人要买毛线，紫色毛线球很好奇，自己今天到底会不会被带走呢？有个老太太推开门进来了，她虽然走路很慢，却有一双明亮温暖的眼睛。老太太伸出满是皱纹的手把一颗颗毛线球捏捏压压，紫色毛线球的心扑通扑通跳着:“会是我吗？会是我吗？”不知为什么，她很喜欢这个老太太。而老太太在店里转了一圈，拿走了白毛线。她把白毛线拿到窗户旁边，在阳光下眯着眼睛看着。“噢——”紫色毛线球觉得老太太的样子好可爱。可是她有点失望，为什么不是我呢？就在紫色毛线球失望的时候,她已经被老太太拿起来了。老太太的手感觉起来有皱纹，不是那么光滑柔软，却很温暖很温柔。紫色毛线球觉得好舒服好舒服。(在这个故事里，女儿化身为紫色毛线球，而我就是那个老太太。我温柔地抱抱她，抚摸她的背，用低沉的声音慢慢地讲故事，因为女儿其实很清醒，所以，这故事的情节就多了些。)

哇哦，她就要被带回家了。紫色毛线球感觉到自己被放在了老太太的包包里，这是她第一次离开毛线店，她好奇地探出半颗头，想看看外面的世界。（当时旦旦正读小学一年级，这很像她那时的状况。）

经过菜市场的时候，她看到菜市场的花店有好多颜色的花，真的很漂亮。她们穿过公园的时候，公园的花儿在阳光下摇来摇去，也很漂亮。紫色毛线球来到老太太的家，发现老太太的院子里更是种了各种漂亮的花，各种颜色……紫色毛线球开始觉得别的颜色也很漂亮，这是她第一次对紫色以外的色彩打开了自己的心。那些花儿的美，让她觉得黄色、粉红色、白色，甚至橘色、红色，都很漂亮耶！

紫色毛线球在老太太的家静静地躺了一下午，沉浸在各种颜色的美丽中。到了第二天早晨天刚亮的时候，老太太就用温柔的手摸摸她，开始用钩针一针针钩起来了。享受被编织的过程中，紫色毛线球一直是闭着眼睛的，因为她全心全意想着等她睁开眼睛时的大惊喜，她相信自己会被编织成一件紫毛衣。几天后，老太太说："好啦！亲爱的阳光，这花儿是我献给你的。"紫色毛线球忽然醒来，她从窗户上隐约的影子里，也从墙上的镜子里看见了自己。哇！天啊，原来老太太编织的不是紫毛衣，她把白毛线和自己混在了一起，编织成了白色和紫色相间的桔梗花。（那天，家里插了一束漂亮的紫色桔梗花，我到睡前还沉浸在花儿的美丽中。）

紫毛线成为桔梗花瓣，而白毛线成为花瓣上的条纹，她们一起变成了一丛桔梗，甚至有绿毛线编织成的叶子。紫毛线有了一种全新的体验，她身上与白毛线编织在一起的地方很舒服。风吹过来，虽然没有像真正的花摇曳得那么自由，可是紫毛线还是感受到了那种摇晃，就像在妈妈的怀抱里一样。紫毛线忽然觉得这世界真美，不管什么颜色都是。紫毛线很喜欢和白毛线合作变成的桔梗花，她觉得这世界充满了奇妙的事情，比在毛线店能感觉到的，更多、更大。

这不是催眠故事，没有把“好想睡觉”或“好舒服”的暗示藏在故事中。然而，这却是一个可以让听的孩子去向往、把精神延伸出去的故事——延伸到一个温柔的老太太家中，以及一个充满鲜花的美丽世界中。在这样温柔的氛围下，孩子会自然睡着。

无法说“不”时，可以有梦想

有一年，我的森林相思病又犯了，想在山区租所房子，让孩子回家后可以去后山和邻近的湖边玩耍。

当时，我们找了房子，在还没签租约前，孩子们都不同意搬家。孩子是很有弹性的，说“不”是基于他们现有的舒适区，而我们可以让更大、更深层次的梦想与孩子相遇。

这是我们协商的过程：

我问正在读小学五年级的树："旦旦不想搬家，你说我们能做些什么？"他说："其实，我也不想搬家。"两个小孩一直都在表达不想搬家。对于新家，树的心是敞开的："哇！好大的院子喔！哇！"虽不同意但他有赞叹。旦旦则敞开得比较慢，第一次探访时她被狗狗吓到了，第二次探访时没有狗狗，她放松了些，然而，对于蜘蛛、小黑蚊等昆虫，她非常封闭、害怕。

于是，我坐下来跟孩子们聊天，说起了"结婚"的比喻。我说："结了婚，就表示两个人想要住在一起，有人不想搬家，是很伤脑筋的。要么妈妈离家住到新竹，要么爸爸离家住到员林，或是我们两个都同意住在某个城市。"树接着说："如果你们有人不想搬家，就不会生下我们了。"我同意他："是啊，因为妈妈搬离了原来的家，我们才能天天在一起。"我继续说起自己15岁时离家到台中念高中，29岁离家到美国念研究所，那种不舍、哀伤、勇敢以及成就感。

最后的结论是："爸妈已经决定了，你们说'不'很尴尬。不能说'不'时，可以说梦想，说梦想时就有了幸福。"树开始说："我的梦想，是有个足球场可以练球。"旦旦说："我的梦想，是没有昆虫和狗狗。"其实那个院子虽很大，却是房东的停车场，加上我们预计租的时间不长，所以并没有预算去做大草坪。然而，也许可以……于是，我打电话查询，并做了预算，画了设计图，树应该可以有个人工草皮的地毯式练球区，不过每次踢球前，得先打开草皮。那个没有昆虫和狗狗的梦想，我一时无法回应，我答应旦旦第二天想办法。

第二天，我带她去百货公司，对她说："山上是蚊子的家，它们是那里的原住民，我们是新人，得学会跟它们和平相处。所以，妈妈买蚊帐给你，保护你好吗？"我们看了白纱蚊帐，我说："睡在里面，就没有蚊子能进来了。"她很喜欢，兴奋地说："不知道为什么，我想象睡在里面，会有一种……说不出来的好感觉[1]。"然后，我们坐下来吃了点东西，我开始画设计图。我会给他们俩一人一个小区域，这个区域可以作为个人秘密基地。我画了自己的绿意家园梦想，孩子们逐渐对我的梦想多了些理解。旦旦在我画设计图时，巨细无遗地把她记得那房子所有"有厚重蜘蛛丝"的地方，用笔涂啊涂……接着，又画了"狗狗出没区"。原来，她说的害怕，可是如假包换的，不过画出来后，反而舒坦多了。我向她保证，等我们搬过去后蜘蛛网会被清理干净，而且："我们可以跟狗狗做朋友。"

"不能说'不'时，可以有梦想"是我教给孩子的道理。那年孩子陪着我们一起勾勒着梦想，通过画出愿景设计图，引导着孩

1　应该就是白纱的浪漫感，古典欧洲的公主风。

子一步步跨出城市的舒适区，与我们携手准备着一个山区的梦。

后来，我们成功租到了房子，那里有大院子和后山。孩子们害怕的事情都没有发生，他们在山上还与狗狗成了好朋友。足球场最终没有建造出来，但树可以在后山探险；白纱帐因太热没用，反倒经常用来在后山搭帐篷玩耍。那些事先的沟通，松开了孩子的害怕与抗拒，而梦想的落实，是在没被逼迫且敞开的心中实践的。

而旦旦最骄傲的是，与很多大蜘蛛住在一起一点儿都不麻烦。她说："我们班同学说，她去博物馆看到大蜘蛛，好可怕喔！我就问她有多大？妈妈，那个蜘蛛还不到咱们家蜘蛛的一半大呢！我还跟同学说，大蜘蛛是好朋友，可以吃掉蚊子和蟑螂。"

孩子在害怕时，对新事物是封闭的；当考验通过后，就会充满勇气。力量，就是这样长出来的。

只玩游戏，不用讲道理

某天中午，我们和一群人一起吃饭。饭菜是房东煮的美味，有现摘的蔬菜和鲜美的南瓜汤。

我问旦旦："要不要喝南瓜汤？"

她立刻说："不要。"

“很好喝耶，喝一口试试。”

“我喝过南瓜汤，不好喝，一定不要喝。”

我想她可能是吃学校营养午餐时喝过，便说：“真的跟以前不一样，试试看嘛！”

“不要。”她坚定地拒绝。

过了一会儿，我真的觉得那南瓜汤实在是太好喝了，现摘的自家种的南瓜，简单用姜提味，就煮出了一锅的单纯美味。我忍不住又问了一次：“要不要喝马车汤？”

“什么汤？”她问。

“马车汤啊！”

她眼睛发亮，点点头说：“要。”

于是，我装了一小碗透明清甜的南瓜汤给她。她喝了喝，觉得好喝，眼睛发亮说：“还要。”

这是很有意思的互动，在旦旦的记忆里有个“不要喝南瓜汤”的自我，这个自我是记忆创造出来的，未必是当下的真实。同时，她又是个有主见并向往童话的孩子。

南瓜汤不要，马车汤就要了。也就是说，我换了个名称，她就产生了一个新动机。这个新动机，让她那不想喝南瓜汤的部分自我，被向往童话的自我鼓舞，愿意冒险喝喝看。

后来，一家人去屏东的牡丹水库散步。

在微雨中，全家决定绕水库散步一圈。旦旦一直说："我不要走路。"

爸爸说："好，那兵分两路，我跟儿子去就好。"

我说："好，我留下来陪女儿。"然后我大声问："我留下来，谁要去走水库？"

"我！"树说。"我！"旦旦也说。

我虽惊讶，但还是说："那就一起去，走吧！"

旦旦又说："不要！"这样的互动反复了三次，我忽然明白，问她："是不是你既想要，又不想要？"她点点头。

于是我说："那这样，我们来玩个游戏吧！这个游戏叫作'数步伐'，我们从 1 数到 300，看走 300 步能不能刚刚好追到爸爸和哥哥，好吗？"她立刻开心地笑了，点了点头，眼睛亮了起来。于是，母女俩手牵手，心连心，齐声数步伐，快速走路。这游戏连我都觉得好玩，300 步真的能追到吗？父子俩还在前方快速移动呢！他们俩边走边停，而我们从后面直追……

最奇妙的是，在不知情的情况下，300 步后母女俩刚好追上了父子俩。这让旦旦非常开心与振奋，又有了活力，愉快地参与进我们的雨中水坝散步中来。不仅如此，我们还爬上了阶梯，去更高的地方看水库湖泊。一路上，"数步伐"的游戏一直继续着，我们的足迹踏遍了整个水库。

这些碰壁与协商的过程，一次次教导着我关于孩子想法的奥秘。孩子的不肯，经常不是成人的理性说服可以打消的。想说服意见冲突的孩子，需要用一个“非成人”的深奥理由。这动机必须是欢乐的、游戏的、有想象力的、好玩的、有挑战的、新鲜的。对于认真负责，从小身为乖巧大姐的我，光是找出这些深奥的孩子气的答案，就滋养了我自身的内在孩童。我喜欢女儿在自我中逐渐养出成熟、体谅，以及可以和大人合作的性格；同时，我支持她不放弃那个更深层次的、渴求挑战、需要想象力和创造力的内在泉源。那是她的根源——生命的本质。

“玩个游戏吧！”这样的邀约不仅让孩子愿意与我合作，连带地，我自己也被激荡出欢乐轻盈的休闲乐趣。

绕过头脑找答案

在舞蹈教室边写作业边等妹妹时，树问：“妈妈，我先写学校的语文作业，还是补习班的英语作业？”我把自己的额头贴在他的额头上，摸摸他的头，说：“你自己想一想。”过了一会儿，他说：“两个都写。”

我说：“那还是要看先写什么啊！用心想一想吧，先写什么快乐？”我用手摸了摸他的胸口。

“写英语快乐。”他很快有了答案。“可是，”他转动眼珠子，露出思考的表情，“如果周六写英语，可以顺便复习，对考试有帮助。”

我说：“还是先写英语吧！写得快乐了，就记住了。”

于是，他开始专心而快乐地写起英语作业。坐在他身边的我，感受得到他学习的快乐：即使在舞蹈教室等候区的喧闹空间，他依旧在纯然快乐中一笔一划地写出他光亮的未来。

用心，就是引导自己或孩子绕过头脑找答案。我们只要专注于身体感受，就很容易得到答案。当孩子能直接连接身体找出自己真正的渴望时，就是在绕路不通过头脑找到的深层答案。通常，我会碰触孩子的胸口或额头，那是感受爱及感知洞见的两个位置。用碰触来支持他与爱和直觉联系，孩子就能连接到自己的光。

当孩子能向内连接，通常就能做出抉择了。而这抉择不只是头脑的，还有身体与心灵的支持，因而实践的力量会更完整。

第09章

用爱走出亲子纠结

真诚表达自己的需求

在某次工作坊上，我们用角色扮演来练习亲子沟通。

传统的沟通练习比较重视说什么话，而我们这次练习则更看重用什么能量来说话，涉及沟通中主导能量（guiding energy）的概念。同样一句“对不起”，可能只是形势所迫的用语，也可能是带着忏悔的真心道歉，这就是言语背后主导能量的不同。

很多亲子互动无法进行，不一定是因为父母说了什么，而是因为父母对自己的主导能量缺乏觉察。许多是由“解决问题需求”动机所主导，或是由隐藏的“满足父母人格需求”动机所主导，让亲子沟通少了爱的联系。

在角色扮演的练习里，经常会出现这样的对话：

"女儿，妈妈老了，需要你陪。可是现在看起来，你的男朋友比妈妈还重要。"

"妈妈，没有啦！我那天没有回来，是学校要考试，跟男朋友无关。"

"你有考试我知道，但重点还是男朋友。你有了男朋友之后，假日就不见人影了。"

……

这对扮演母女的人，在对话中一个追一个逃，即便是角色扮演，对起话来也是真情流露，眼泪都出来了。在我眼中，母亲的沟通由"匮乏"主导，使用"指责"来勾起女儿的罪恶感，想要控制女儿假日回家陪自己。女儿的主导能量则是"逃避"，用"安抚与解释"的方式，试图从母亲的指控中脱身。

这种纠缠沟通，不仅无法解决问题，只会让关系越来越僵，遮蔽了亲密。在追与逃的沟通模式中，爱难以出头，除非：

一、回归当下，看见人与人此刻的存在；

二、真诚而直接地表达自己；

三、在当下简单地看到对方最深的良善意图。

在工作坊中，我进入女儿的角色，请旦旦扮演母亲，现场的互动变成了这样：

“女儿，妈妈老了，需要你陪。可是看起来，你的男朋友比妈妈还重要。”

“妈妈，我看见你的眼睛里有孤单，我感觉到你的手想紧紧抓住我。”

“对啊，你最好都不要出门玩，在家陪我就好了。”

“妈妈，你的孤单我一直知道，谢谢你在我小的时候以我为中心，为我着想。然而，我不能因为这样就停止追求我的人生。无论如何，我的心是爱你的。妈妈，你这样抓住我，是想让我当老小姐吗？”

“对啊，最好一辈子不要出嫁，陪我就好了。”

我作势后退：“哎呦，好可怕啊，我真得拼命逃跑了，即使背着罪恶感，也要追求自己的幸福。”

这时，整个现场因为我逗趣的表演都笑了，包括旦旦。看起来很可怕的母女对话，因为说开了，大家反而轻松了，而这笑中也有泪。“背着罪恶感，也要追求自己的幸福呢！”想象一下，在单亲家庭中长大的女儿，虽然感谢母亲的含辛茹苦，但也醒悟到无法用放弃自己的幸福来回报母亲，并愿意承担起这份罪恶感，扛起追求自身幸福的责任。这份觉醒与魄力不仅会释放母女俩的捆绑与枷锁，也会让女儿可以活在更轻盈的爱中，无须再背负耽误母亲幸福的罪恶感。

我用想象力进入这位母亲的心灵世界，反思自己在空巢期的状态，回顾半辈子的含辛茹苦，心声也许是这样的：

女儿，妈妈老了，不太会自己创造快乐，每次你回来陪我，我都特别快乐和满足，谢谢你。

女儿，上回你去见男朋友，我打了好几通电话也找不到你，居然嫉妒起来了。哎呀呀，原来，我把自己的快乐和你的陪伴捆绑在一起了。这似乎不是好现象，我想突破、想成长。可是，在那之前，女儿，亲爱的女儿，你可以在与男朋友约会后，打个电话给我，让我也分享你的生活吗？

单亲的生活真是辛苦。以前，我会鼓励自己："为了孩子，我一定要坚强。"这句话陪伴我度过了各种困难。孩子，我现在明白，我不是为了你坚强，你只是我的理由，其实我是在度过自己的困境，我在实践做一个好母亲的自我期许。

女儿，多陪陪我，这是妈妈的心愿。我也会让自己变得轻盈，让我们在一起的时光越来越快乐。

这是身为母亲的真诚表达，真实承认自己的脆弱，承认内在的需求和期许，并且，愿意成长与放手。有了真诚，爱就能出头，成为表达的主导能量。

在工作坊里，还有另外一场角色扮演：

扮演4岁孩子的人怒气冲冲对着妈妈说："都是你要我玩这个游戏,害我生气啦！"扮演妈妈的我看着这"孩子",心里笑：孩子，你真的好生气，这气生得好大好大呢！我说："真好，你没生闷气，能直爽地说出来。这让你不会生病喔！""孩子"因为这句话放松了些："对啊,好生气喔,哥哥都……"我又说："你生气生得有多大？比给我看看，比给我看看……交给我好不好？"他："可是我还是生气，我想要打枕头。"我说："好啊，打枕头，把气打出去。我们来玩,你可以丢我,我也会丢你喔！"现场瞬间爆发出一阵笑声，由大人扮演的小孩也从生气的执拗中自然而然变得开心起来。

角色扮演有个很有趣之处：虽然是假戏，却能引出真感情，一旦觉知纠缠的本质，都会有"演不下去"的时刻。每次我出场，都会真诚地回归当下，承接当下，并真诚以对，让爱来主导，这时纠缠戏往往就演不下去了。

有一次，扮演母亲的人对扮演孩子的我说："孩子，我不是要干涉你，我是担心你。"

我看着她，看见她脸上的皱纹与慈爱，看入她的眼睛，对她说：

“妈妈，我看着你，感受到在你眼睛中有好多关爱，脸上非常慈祥。”

她说：“对啊，我就是关心你，所以才要你听我的话。”

“妈妈，对不起，我会收下你的关心，理解你的担心，但我的人生，要用我的方法来过。”

她说：“好啊，既然是你的人生。”

我说：“妈妈，到时候如果我受苦吃亏了，还能回来跟你诉苦撒娇吗？”

这时，那个扮演母亲的人瞬间脱离纠缠戏，笑了。这种“忽然演不下去”的状态是珍贵的。在真实人生中，这种“演不下去”的时刻就是“回归当下”的神奇时刻。

用角色扮演带领亲子工作坊多年的我明白，这种脱离纠缠戏、回归当下的时刻，通常就是真爱与真情流露的时刻。

让爱主导，让信任主导，于是我们能看见“正在说话的人”——看见他的眼神与表情，看见他背后的灵魂，看见他的情感、需求、执着、期待甚至幻想。让信任跟自己的爱在一起，因而有勇气承认，在自己的关爱背后有着恐惧与执着。真实，是让爱得以传递的最大勇气——不要怕承担，不要怕负面情绪，不要怕冲突，不要怕说真话。

生命中有许多孤单或辛酸的时刻，沟通中也有许多以爱为名的纠缠戏码。承认这些孤单与害怕，肯定曾经走过的辛酸，并引以为荣。当我们真诚坦白自己的需求时，纠缠自然会松开，旧戏码便会失去魔力，而新的互动，以爱为主导的关系，就自然展开了。

顾全自己，不做孩奴

什么是临在？

临在，就是敞开五感，让此时此刻正在发生的一切流动。

临在，是让那些五官所体验的，如风如云般触碰且吹过，并立即腾出空白画布给新体验。

临在，是让自己的心如天空，什么都能进来，而核心处无所动摇。

临在，是没有过去，没有未来，就是现在。

临在，是全心全意，留在这里。

临在，是让内在的体验被一致而真诚地表达出来。

品酒师的临在，是空出自己，让给酒香与想象力——过往积累的品酒知识不会阻断与干扰品尝，反而给予他丰富的经验背景。

舞者的临在，是让身体与舞动的魂魄合一，让音乐浸润每个细胞，让举手投足力度十足，并充满能量——过往的舞蹈根基都被解开结构，化为最基础的元素流窜在身体里。

恋人的临在，是让心所牵系的与身所滋润的合一、同步，空出身体、情感与心思，成为全部的容器，只为恋人此刻的接触而敞开；所有日常事务都消融了，所有的未来都停顿了，只剩下此刻的呼吸与体温。

学生的临在，是让眼睛所看、耳朵所听、心所触动、思绪流转，都投放在学习里——没有其他思绪，没有挫败的阻隔，没有考试的焦虑，只有现在的流动与知识的建构，而喜悦和饱满则适时迸出，增添色彩。

父母的临在，是让眼睛所看、耳朵所听、心所触动——内在的感受、孩子的表情、言语背后的灵魂，还有自身的呼吸，都聚拢在此刻；过往的僵局、对未来的挂念，都暂时消退了，只剩下此刻。

此刻，正在发生什么？

此刻，有什么能被创造？

此刻，爱正在被激活。

此刻，即我们力量的所在。

在某个晚上临睡前，5 岁的旦旦问：“妈妈，为什么你可以看自己的书，不讲故事给我听？”我说：“哦！我是妈妈时会讲故事给你听，现在我只为自己而活。”后来两人协商的结果是：我把自己正在阅读的书朗读给她听。即便我朗读的书是很枯燥的理论书，她还是听得很开心。于是，我在渴望做自己又被女儿需求的时刻，找回了讲故事的临在感。

临在感，就是活在此时此刻，里面没有自己被压抑的需求，没有过往影子的牵绊。

对冲突的害怕，或对哀伤的抗拒，甚至因罪恶感产生的梗塞，都会让人失去临在感。

一个发生了重大事件的家庭，若无法面对底层的冲击，整个家就会失去临在感。一个丧子的家庭，若父母无法直接表达哀伤，若手足无法说出痛苦，若活着的人无法处理内心的冲突，整个家庭就会失去临在感。许多魂魄仿佛还停留在过去的某个时空，如果失去当下的敞开，那么许多新的光、更深的力量，便没有机会被迎接回来。

如果婚姻出现困境，却无法坦然面对，也会阻挡与孩子相处的临在感。若能坦然承认自身的局限，坦然诉说自身的需求，坦然接纳新脚步的调整，就能从失落中找回临在。

一段婚姻，如果夫妻没有面对冲突与底层的哀怨，就会失去临在感。“妈妈你在哪里？”“爸爸你在想什么？”若孩子能这样问会很好，然而，在大多数家庭中，孩子鲜少能这样直接质问父母。于是，夫妻间隐藏未解的冲突，就会转移到手足之间，转移到孩子与自身的关系中，或孩子在学校的表现中。

某天，我正骑车带着两个孩子回家，路上一条没有被拴住的大狗突然出现朝我们狂吠，我本能地吓了一跳。抱着我的树说："妈妈，你的身体在颤动。"我说："对啊，那就是被吓一跳的能量。"经历惊吓后，身心会在情境恢复安全后，自动回归，身心灵合一。然而，若是经历大惊吓或大惊恐，我们身心的一部分就逃走了，躲起来了，难以再临在。疗愈工作经常需要处理这种情况，让那个受惊的部分知道危险已经过去了，从而回到身心的连接，临在感才会再度出现。

若生活出现困顿，若孩子产生莫名的冲突或情绪，若自己不明所以地焦虑而无法专注，请找回临在感吧！做几次深呼吸，睁开眼睛看见所有的景色，把爱送给自己的抱怨、担忧与挂念。也许只需唱几声平静的歌，或找到没有表达的秘密，或感谢尚未感谢的过往，就会找回临在感吧！

内心安在，才能感染孩子

有一年夏天，天气很炎热，中午我们开车从新竹到花莲旅行，一路上很颠簸。从苏花公路下来后，大家又饥又累，5 岁的旦旦晕车不舒服，吐了，呕吐后开始大哭。我们临时在路边的公厕停车，清洁了车子，用湿毛巾给她擦身体。她的不舒适虽然缓解了，哭声却没有停止。像是启动了痛苦的大哭按钮，即使痛苦感消失了，那个地方却短路了，没有谁能安慰得了她。于是，我一边用湿毛巾擦拭她的身体，一边说："妈妈来讲个故事好了。"

有一片森林，是一片很古老的森林，森林里有各种动物，平安快乐地生活着。但是，今天很特别，所有的动物都很惊恐，因为传闻就要地震了。"就要地震啦！"其实动物们并不是用说的，也没有谁特别宣布，而是从大地妈妈那里直接传来的震动，穿透了每只动物的身体。大家都惊慌了：怎么办？怎么办？地震了，要逃到哪里去呢？

在那片森林里，每种动物里都有个长老。这些动物长老的身体中，都有着最古老的心。于是，动物长老一只只站了出来，山羊长老、兔子长老、熊长老、狐狸长老、梅花鹿长老……它们站出来领导族里的年轻动物们，去往安全的地方。它们让最古老的心跳动着，带领小动物去森林中安全空旷的地方，寻找庇荫。

于是吵闹的森林，渐渐安静下来了。森林里的每一只动物，从森林的头到森林的脚（我边说边抚摸女儿，从头到脚），每一个小地方，只要能动的（摸摸女儿的头发、手指、脚背），都安静下来了。山羊静下来了（摸一次），兔子静下来了（再摸一次），熊也静下来了……动物们都（声音变慢）放心了，只要跟随族里长老心跳的声音，就没事了。他们聆听着动物长老扑通扑通的心跳声，那声音听起来这么平和、这么安宁。扑通……扑通……扑通……（模仿孩子的心跳节奏说话）就连摇晃的植物都安静下来了。

我边讲故事，边帮她整理一切。大约讲完第一段时，她就安静不哭了，连前座的树也平静了，爸爸则安静地开着车。故事快讲完时，刚好给她换好干净衣服。我帮她解开辫子，重新梳理头发时，故事刚好结束。

这个故事领导着她的身体，从惊吓到聆听，进而成为平静，从头到脚都平静下来了。

讲这个故事的秘诀是，我先让自己进入很放松的状态，并使用一种和缓放松的语气。通常在这种状态的我，脑波也是处于半催眠状态的放松，这时的声音是有感染力的，承接、包容了她因为呕吐而激起的痛苦。故事慢慢地引导着她的身体，让身体在故事隐喻的带领下，逐渐恢复平静。傍晚到达投宿的旅店时，我们谈起她的呕吐，她主动表达："那个哭，不是我要哭的。我已经不想哭了，可是身体还在哭。"

当我们让自己回到安在时，传递出的和谐能量会成为感染孩子的波源，然后孩子的身体、头脑、心灵都被带领进来，回到和谐。

接纳孩子的真实一面

我们的观点决定了我们的经验，然而，我们的观点也跟我们内在意识的感知有关。当我们让自己提升到更高的层次，采用更高的观点，就能从对是非的批判走向接纳，接纳事情的发生必有理由，甚至能回到爱与光里，能在发生的每件事情之中找到慈悲。

然而，该如何开启内在更高的视野，如何唤醒内在更高的层次呢？

旦旦5岁那年的某天，我起床时，发现她将大脚趾趾甲撕裂，好几处暗红血痕。前一夜她抗拒、哭着不让我帮她剪趾甲，因此，当看到血痕时，我明白了她想遮掩什么！我看到时一惊，还没责问她，她的情绪眼看就要爆发。我说："妈妈早上不会问你趾甲的事，我们互相配合，让妈妈早早去工作吧！"虽然避开了母女的对峙，但我心中仍有一股气闷住了，知道自己生着气。生气的我，虽容忍着情绪，但母女间的互动仍会少了温柔与顽皮。到了晚上，我说起这段经历时，感受到自己的气闷，那背后的台词是："妈妈如此爱你、呵护你，你为何如此虐待自己？"我明白这个念头是我的不理性，会让自己更气闷，然而，多次劝阻后她仍用手撕趾甲这件事，我还是会批判——批判她的行为，也批判自己。

于是，我决定用顶礼来召唤自己内在更高的存在。这是一种信任仪式，它让我敞开自身，快速疗愈着我的内在，那一瞬间，我的意识不再受困，我忽然看见女儿明亮地站在我面前。她的成长、她的笑颜、她的力量、她的脆弱，一一示现，我看到女儿是个整体，她就是她，完整的她，而脚趾血迹斑斑，只是她的一小部分罢了。

看到这内在画面后，我的整个身心放松而敞开了。我知道，脚趾甲这件事只是我们要行动的点，不需要锁住我的注意力，而遗忘了女儿的整体。

仪式结束后，我放松了，并且心里知晓，我无法使用“以后再也不要撕趾甲”这种指令来带领女儿。我能使用的方法是什么尚无从知晓，已经发生的是，下回她趾甲再血迹斑斑时，我不会再遗忘我的爱。现在，好几年过去了，她早已学会了自己剪趾甲，再也没有那样让我惊心的情景了。

陪伴孩子走向独立

旦旦自小不开心时，就会不愿说话，整个人会僵住，闷着情绪，与人的连接会有困难，而我经常能猜到她想要什么。我会在这种时刻，通过列举三个选项，要求她用手指头指出答案来沟通。当我了解并响应了她的需求时，她僵化的情绪就会松开，她的笑颜与活力就会回来。这方法固然好用，也展现了母女间的默契，然而爸爸一向阻拦使用这种方式，他说："请不要宠坏她，她得练习表达需求。"

我一半同意爸爸的话，一半却知晓女儿是因为还有很多面向没有整合，所以才会失去沟通能力。爸爸认定这样做会宠坏她，是害怕我取代了女儿表达自己需求的责任，不过，我相信她有意愿表达，只是尚无能力整合自己[1]。我一直在等待时机，想把这份表达自己需求的责任放回她的手中，在拗住与僵化的时刻，要负责呵护自己、照顾自己，把自己带回来。

旦旦上小学三年级这一年，为了回应她多年的请求，家中养了宠物，同时她在学校也担任了班长。生活中有很多证据显示，她逐渐具备了成熟的能力来管理自己。她会在墙壁上贴一张登记

1　这种因外在事物而情绪激动，神志恍惚，意识虽存在，但无法与身体连接，失去表达能力的情况，我曾在经历情绪冲击时多次出现。记得有一次我因情绪冲击而意识解离时，苍蝇一直在我身边飞来飞去，我在意识上好想挥手赶走苍蝇，身体却做不到。每次我都需要外界的体贴、谅解和呵护，才能整合回来。后来，我为此做了许多疗愈工作，承受情绪冲击的能力越来越强，已有 10 多年不再出现上述情况。因此，我选择用同理心来陪伴女儿。而爸爸则因为曾有无力帮助我的挫败经历，所以特别抗拒我的做法。

表，规律地为宠物喂食和换水；她会在笔记本上记下各种该做的事，例如为校园的大活动做准备等；在班级小组中遭遇不公平时，她会挺身而出为自己表达；她担任班长的职务时，跟班主任沟通、跟同学沟通、联系各处室……于是，当她在家依然用“哼，不开心，头发乱乱的好热”或臭脸来表达她的需求或不满时，我会帮她梳头发，也会教导她如何表达各种具体的请求：当同学因为游戏不公平而吵闹，请求他们安静时，可以建议开一次游戏规则讨论会，准备好一个小册子，写下每一条你认为公平的游戏规则；想要吃棒冰时，可以征求我同意，拿出自己的压岁钱，央求哥哥陪她出去买……

就这样，她越来越成熟了，清晰知道自己的需要，并学会了清晰表达与请求，担负起了表达自己需求的责任。我们母女之间也有了更大的信任。她可以独自一人专心阅读 2~4 小时，我陪她在家也能专心写作。同样，她可以画画、玩娃娃、照顾宠物，而我因为不再需要时刻注意满足她的需求，在陪伴她时有了更大的自由与快乐。

引导孩子与内心连接

在家中，孩子各有各的房间。旦旦刚拥有自己的房间时，还很喜欢待在里面，后来只要我在家，她就窝在客厅，很少回房间活动。放学回家比较晚的树则喜欢待在自己的房间，听音乐、练唱歌、写作业、写复习卷。当哥哥在房间时，客厅的沙发就成了旦旦的专属座位。

某天，旦旦这样说："为什么哥哥的房间好有房间的感觉……就是那种感觉，我的房间却没有？"明耳人都会听出来，这不是个问句，而是用"为什么"开头的酸羡慕。

树和我同时回答："那是因为你房间里都没有人坐在里面啊，你说的那种感觉，就是人气啦！"她没听进去，又抱怨了很多细节："为什么哥哥的房间……而我没有？"这时，我说："你问这么多'为什么'，其实不是重点，你想说的是'我也想要'吧？说说看，在这些抱怨的背后，你想要什么？"她果真改口了："我想要这个房间。"我说："想要这个房间当然可以商量，但重点是……即使你要到这个房间，过一阵子后，你还是会觉得哥哥房间更有感觉，因为他还是会每天坐在书桌前面做功课。所以重点是，你得回房间里，每天都留在里面。如果你需要支持，妈妈可以去那里陪你，直到你觉得满意为止。"

这时，改变发生了。

她不再表达酸羡慕，而是起身回房间开始整理。那个房间自从几周前被她弄乱之后，就再也没有舒适与美感啦！半小时后，

她兴奋地要我去看。我请她用摄像机拍下房间经过整理后的漂亮样子，大大赞赏了她一番。可以从她脸上直接看出来那份满足与成就感，她带着微笑入睡了。

所以，做父母的，当听到孩子的酸抱怨时，请保持耐心，开心地聆听，然后好奇地问："你真正要的是什么？把它直接说出来吧！"

孩子说出来之后，如果还有更本质的需求，那就引导孩子找到那个最本质和永恒的需求。

鼓舞孩子的同时，父母适当提供自己的支持，让孩子可以通过自己的行动，得到自己想要的。

如果孩子真的做出了行动，就要赞许他。如果孩子没有施行真实的行动，也不要评判他的酸抱怨，而是接纳，并协助他再次聆听自己真正想要的。帮他把目标设小一点，继续支持他的具体行动。

父母还需要经常示范"我要……"的简单直接表达，并为自己想要的付出行动。记住，当我们说"我想要……"时，不能说"我想要你考试进步"这样的句子，因为孩子"考试进步"不是我们能掌握的。如果这真是父母想要的，父母必须说："我期待你考试进步。我想要自己无论你有没有进步都一样爱你、信任你。"这才是真实而负责的表达。"我想要……"的句子里，放的是自己能做的行动，或已经拥有权利的选择。例如："孩子，我想要给你两百元预算点餐，你想要点什么呢？"

"我想要"的领导能量，可以支持我们清晰地把需求或欲望，跟努力及自我负责放在一起。

放下担心，做正能量妈妈

树上初一时决定骑自行车上学，车程大约 3 公里，中间要通过隧道或大桥。距离虽不算远，但我对此还是有安全顾虑。不过，因为他对自己的信心，我也想训练一下他的独立性，就这样，他日日练习骑车技术，越来越让人放心了。老天也帮忙，开学头两个月都是大晴天。直到有一天，清晨 6 点的微雨叫醒了我们。

树说："妈妈，下雨了。"

我说："那我送你。"

他说："可是我想自己骑车。"于是我找来雨衣，教没有穿雨衣经验的他穿上，他便充满信心地骑车上学去了。

7 点，等我要出门时已是大雨。穿着拖鞋、雨衣，带着袜子和干布的我，骑摩托车时，感觉到路面是湿滑的，便忽然想起树的自行车是细轮框的公路车，很容易打滑。加上昨晚新闻刚播报了一则骑自行车摔车身亡的事件，担忧就在我心中膨胀了起来。

担心是警报系统，我们的意识会根据现实法则，评估可能的危机，从而时刻警报守护。然而现实意识经常会过于强烈，占据了日常生活的心思，从而阻碍我们活在当下，成了活在当下的阻碍。当觉察到自己的担忧念头在不断循环时，我便刻意把注意力集中于感受自己的呼吸，然后听听自己的担忧。我像放下手边的工作专心听孩子说话一样，聆听内心的自己说：

> 公路车真的很容易打滑，危险。（我同意。）
>
> 能做什么？（下午去接他放学？）
>
> 这样会不会过度保护？也许他不会有事。
>
> 那现在呢？一大早就骑车出去了，会不会已经摔车了？（没事，有事就会收到通知了。）
>
> 可是我的手机因为昨天演讲直到现在还静音，有消息可能会收不到。（放心，学校登记的紧急事故联络人，还有很多个。）
>
> 放学真的要去接他吗？会不会保护过度，让孩子觉得被束缚了？

我觉察到自己掉入了念头循环中，赶紧深呼吸，把注意力带回现实，努力安静下来，并把担心与念头都带到爱中，于是有了计划。我决定实施的行动是骑车时放下所有念头，专注深呼吸，等停车后再打开手机铃声，让紧急电话不漏接；接着，与懂自行车的老公联系，确认未来的保护措施。

确认了雨天的确不适合骑公路车之后，我决定如果下午依旧下着大雨，就与学校联系，请孩子放学后等我去接。未来我们可以请他在雨天路滑时，换骑我的越野自行车，并准备一套自行车骑士专用的雨衣配备，支持他风雨无阻地独立上学。

做完这些，我就心安了。从被担忧领导回到被爱领导的我，忽然对大雨有了谢意。前一天，我还因为发现河川缩水，而向老天祈祷下雨呢！心安了，带着爱的心，忍不住想说："谢谢。"

谢谢老天下雨，期待这雨滋润大地，稍微缓解河流的干涸状态。

谢谢孩子的独立，风雨无阻，让我拥有更多属于自己的宁静早晨。

谢谢孩子早上的平安。谢谢爱环绕我，让我原谅自己清晨时忘记公路车和雨天的关系。

祈祷后，这事件就在我心里落幕了。其实，生活中有无数时刻，我们的心会被担忧占据。媒体喜欢报道社会的负面新闻，对危机有所警觉很好，然而，若被危机占满而无法安在，就需要练习排遣自己的担忧了。我们要养成回到爱中的习惯，通过爱的光，化解担忧的念头，把支持自己的心带回平静，回到信任的大爱中。且我们回到爱中，就是邀请智慧来主持、找到行动方案的时刻了。

当天中午天就放晴了，马路干爽无水。下午，我带着装有热巧克力的保温杯回家，在电梯口遇到了树。看到我后，他用手碰碰我，“嘿嘿”笑着。他很开心，有相逢的欢喜。我的心脏居然扑通扑通跳。意外的相遇，两人平安无事，让我好兴奋。我回应他，用拳头敲敲他的胸口，也“嘿嘿”几声，然后在心中说：“我爱你。”

当我放手让担忧离开，让信任来领导时，孩子得到了深深的祝福。借由骑车上学，他获得了“自由的身心能量”来领导一日的开始，而不是一份“顾全安全的被动能量”（被妈妈载去上学）。

营造充满爱的关系

旦旦上幼儿园大班时，幼儿园曾邀请家长轮流到孩子班上一起吃午餐。

我去的时候，小朋友们已经排好队要去二楼洗手了。从三楼到二楼的路上，小朋友们安安静静地排着队，井然有序地轮流去洗手。不过，由于我堵了路，所有要出来的小朋友几乎都遇上了我。

在这里，我的角色是“旦旦妈妈”。刚到旦旦班上时，就有几个孩子跑来打招呼，我感受到这些孩子是自发的。有一个可爱的小男生跑来说：“旦旦妈妈，在这个班上，我最喜欢的人，就是旦旦了！”

等候，安静等候——整个午餐仪式最多的就是等候。等候排队，等候洗手，坐在小桌子旁等候自己的食物过来……我惊讶地发现，这些小朋友竟然善于等候，等候时没有压抑的躁动，没有无聊的呆滞，而是在参与仪式，拥有静心的精神能量。整个房间充满了爱的能量，井然有序的背后，是孩子们依然保有的热情与友善。

每日有5个负责打饭的服务生，只要前几天不是吃得太慢，每个人都有机会轮到。

一个打饭的小朋友走过来：“旦旦妈妈，我要帮你盛饭了喔！”然后，把碗拿走，去排队，让老师帮忙装好饭菜之后，再放回桌上。惊喜的我，真心谢谢他。看着他们走到每个人耳边，轻声叫着名字：“小明，我要帮你盛饭了喔！”真的感觉很美妙。

这很巧妙，小朋友不用排长长的队伍拿着碗等候，可以安静坐在小组桌边。只要该小组的饭菜都回来了，那一组就能自行开动。小朋友没机会跟老师说：“我不吃这个，我不吃那个……”因为每碗饭，都是小服务生端过来的。

当我们这个小组每个人都有饭了时，有个等了好久、闻着菜香非常想开动的小朋友立即带着大家说感谢词，完成后就开动了。吃完饭的小朋友再自行排队去舀汤喝。那天是好喝的贡丸汤，小朋友会互相提醒："一个人只能一颗喔！"有个小男生看到我只舀了三小块白萝卜，还问："你怎么不多舀一点？你要不要吃贡丸？"这发自内心的真诚关心让我很受触动。

吃完饭的小朋友就去收拾餐具，用小抹布擦桌子。如果有人打翻了汤，他们会自动把桌面擦干净。

然后，小朋友就各自刷牙去了。老师会擦最后一次桌面，然后把小椅子堆在桌子上。小朋友主动趴在地上，捡起所有落在地上的小饭粒、菜渣，擦完地板后，小朋友就要午睡了。这些小朋友没有压抑的躁动，且能井然有序地吃完一顿饭，着实让我惊讶。

我观察到，老师在午睡前这段时间，说话的语调与平时和我聊天的语调相比，平缓多了。老师用没有变化的语调和平静的语气，来领导孩子的休息能量。教室里，灯光很温和，窗帘拉起来了……整个环境，以及每个动作都指向一个目标——安静休息吧。

我很喜欢这个班级所创造的规矩与群体仪式，让孩子在过程中学会把自己放入群体里，成为一个角色。这是一个有结构的领导，基于结构，让群的行为产生，每个孩子都安于群中，自我个性不需要过于彰显。这个幼儿园班级在上课时非常活泼而有创造力，以孩子的讨论与互动为主。而孩子在需要安静时可以安静，也是因为自我在其他时候有很多机会可以自由挥洒。

第10章

最重要的是爱、信任和自由

孩子具有生命力的5项特质

当过多年老师，陪伴过许多受困的成人，触碰过大量人心的我，逐渐有了一种认识：只有具有生命力的孩子才会拥有属于他自己的未来。

每个孩子都拥有一块生命之地。孩子长大后，这块地会变成茂密的森林，有鲜花、水果，可以在里面快乐地生活，还是会变成一块让人难以维生的荒漠之地，或是堆满垃圾，让人避之唯恐不及，跟你每天做的事情有关。我们每天都会为自己做很多事，有些是种树，有些则是砍树。喜欢运动就去练习运动，是种树；喜欢运动却窝在家里什么都不做，就是砍树。勇敢面对错误、承认并改过，是种树；为了逃避责难而说谎，就是砍树。因此，很多时候，我会问孩子：“如果要为自己的森林种树，你现在要做些什么？”孩子会明白自己是在砍树还是种树，而我们要给予他自由来抉择并承担。

“具有生命力的孩子”就是一片林地肥沃、已经有茂密雏形的森林。这片森林在爱、信任和自由的滋养下，有了基本的气候与条件，有了好的韵律或习惯，能够自给自足地继续成长，去长成林木茂密的未来。这样的孩子，内在的心智结构会让他们自然而然去做那些滋养灵魂的事情。他们关注健康，关注光明，关注爱，关注生命；他们好奇、专心、坦白、有觉察力，能够坦承脆弱；他们不怕辛劳、乐于努力，对失败抱持平常心，不会被他人的批评挟持，而是相信努力就会有收获。

这些孩子具有 5 项特质，第一项特质，就是与身心有连接，能够觉察身体与心灵的状态并表达出来，也能够感知周遭世界和身心的交流。

下雨天，他们不会立即想到现实中的麻烦，而会说“凉凉的”“湿湿的”“好玩”；碰到泥土时不会觉得脏，而是会有连接大地的那种舒服与扎根的感觉，想去玩耍与探索；骑车时会感觉到风、轮胎与马路之间的摩擦力，知晓自己的体能、呼吸与心跳。对身体的知觉，以及身体与外界联系之后产生的知觉和感受，他们都清醒纳入，并被触动。通过这些联系，他们获得生命力的滋养与守护；通过这些体验，他们欣然与大自然在一起，享受大自然带来的真实喜悦，而不容易掉入片面的刺激和娱乐中，或沉溺于网络虚拟世界中。因为，深刻触动他们的是实际的经验，而非“大脑创造的经验、自我形象或四肢不需要动的游戏”。

这项特质的具体表现是健康。他们保留了天生的身体本能，对入口的食物不只体验到口腔知觉到的味道，还会用全身来与食物互动。所以，他们会被身体真正需要的食物吸引，而不会沉溺于好吃而不健康的食物。他们累了会休息，饿了会找食物吃，饱了就停止进食，一切依据身体信息来行事，而不会被欲望牵着走。

这些孩子的第二项特质，就是能自己找乐子，不会无聊。

安静时，他们有个内在世界，这内在世界是丰富且随时在建构中的。或许他们喜欢看书，阅读时能融入其中并获得经验与感受——无论是形成新概念或体验各种感情，从文字到内在经验是他们已经熟练的能力。如果给他们一张白纸与一支笔，他们就可以通过纸笔展现出自己的内在世界，方式多种多样——书写、素描、计算、机械或空间设计等。他们的内在世界已经具备雏形，创作的能量一直蛰伏其中，可以从外面增加新的能量进来，也可以把里面设计出的东西传递给外面的世界。他们画画、讲故事、写作、唱歌、跳舞时，会向世界要求新的图像、新的故事原型、新的诗句、新的旋律、新的舞步；他们会被颜色吸引，看得见世界的线条，碰触得到世界的质地；他们会感动、会兴奋、会生气。然而，无论如何，他们有个核心的世界，这核心世界内在很丰盛，且向世界敞开。至于动态层面，他们可能热爱跑步、打拳，止不住地不停练习某种舞步，而且骑自行车时，会想突破自己，还想自己修车。这个特质的具体表现是创作与精进。

这些孩子的第三项特质，是不会被辛苦困住，能在行动中体验到超越感官层次的本质经验，于是就有了超越辛苦的动力，能为更大的目标而努力。

比如，因为有了更大的目标，所以能容忍长跑时身体被逼到极限的痛苦；因为太想求解，所以即使累了想睡，也要继续计算下去；因为想雕刻得更好，所以会废寝忘食地琢磨；因为在山上太快乐、有趣，所以可以克服日晒与蚊虫叮咬而乐此不疲。这样的孩子不只和自身的五感连接，还连接着更大的热情与灵魂深处；即使小小年纪，也是有深度的。他们有鲜明的存在感，能听到自己内在细微的声音，能感受到内在渴求的目标，并在朝着目标前进的过程中，品尝着超越自我的快乐。于是，无论是身体的不舒适，还是孤单或没有得到认可，他们都能与之共存，始终朝向自己所要的目标前进。

这项特质的具体表现是具有坚持所爱的热情。要激发并保持孩子对生活的热情，最重要的是得让孩子与热爱的事物互动，而互动的时候需要精益求精的技艺，需要经历辛苦的考验累积下足够的练习。对运动有热情的孩子，要承担的是体力濒临极限时突破的辛苦；对科学研究有热情的孩子，得克服各种现实限制、投入大量时间与脑力，进行各种研习或研究；对音乐有热情的孩子，要放弃许多一般孩子的乐趣，日复一日地投入很多时间来练习。总而言之，当对热爱之事投入热情时，都需要取舍，需要离开家人，需要在遇到困难时保持坚定，不畏困难地继续投入。而收获的甜美果实，是一次次超越自己的美好与力量感。

这些孩子的第四项特质，是他们的心是敞开的，会被这个世界触动与感动。

他们会因为宠物受伤或死亡而难受哭泣；看到同学受苦会难过；看电影或卡通时带着情感，会笑，会流泪；他们聆听大人叙述生活的事情或过往的故事时会有乐趣，能想象，能体验，并带着一种反思反观自己；他们在山林里会被绿色触动，看到大海会被广阔的蓝色触动，躺在深邃的星空下会得到宁静，参与农民的丰收庆典时会被鼓声撼动，也会被人们欢庆丰收的表情感染；他们会庆贺同学的胜利，也会因同学被欺凌而生气，并涌现正义感；你和他们说话，会发现他们正专心聆听，会看到他们因为聆听而有着自己的感受或表情，他们的眼睛生动有神，而不会看似在凝视远方，目光却呆滞无神；他们有羞愧心，会害羞，会不好意思，会有自知之明，也有能力自我解嘲；他们可以坦白，愿意认错，道歉时有着柔软的同理心和抱歉感；当他们对人好时，是出于自然的渴求，而不是为了讨好或被迫，或其他企图；他们能感受到自己的脆弱、忧烦或挫败，同时，他们不会被淹没，而是能信任可信任的大人，并主动求助。

这项特质的具体表现是感恩与体贴。因为情感能量流动着，对于爱与关怀有知觉，对于他人表达的情感是否真实有辨别力，所以，他们会被正向情感的贯注感动，只要在教养过程中稍加提醒与示范，他们自然就会学会感恩；只要大人能正确表达自己的需求，并合理要求孩子付出，孩子就能展现内在的情感，给出体贴的服务。他们以情感联系着人与人的关系：待人接物、给予或接收，都不止是单纯的物质交换，而是伴随着情感的联系。

第五项特质，好奇与勤于思考。

他们喜欢猜谜语，喜欢攻克逻辑难关，喜欢解析深具巧思的题目。面对学校生活，他们会观察，顺利时会借此建构自己的实用知识；困惑时，他们会好奇、思考并发问；上课时，他们会被知识吸引，专心聆听，并在聆听时建构自己的知识。他们充满着学习兴趣，一开始被各种乐趣吸引，慢慢地，会把学习热情投注在某个方向，逐渐发展出属于自己的独特爱好。在网络上活动时，他们会被新知识吸引、被特别的达人吸引，是知识或专门技艺引起了他们的注意，所以他们比较不会沉溺在人际联系中，或依赖从电子游戏中获取成就感。

这项特质的具体表现是头脑清明，专注于学习，会主动思考，不人云亦云。他们用功不是为了获得奖赏，或迫于父母的催促。他们花时间努力学习，有一部分是自我要求，而更重要的是被求知欲、被找到答案的渴求和快乐推动。

信任世界很重要

树上小学五年级时，某日放学后，他按照往常的习惯，把书包放在校门口，便去踢球等阿嬷来接。后来，书包和便当袋都带回家了，唯独一包昂贵的磁性建构片玩具被遗忘在了地上。

他发现自己丢了东西时，已经是晚上 8 点了。我坚持让他制作一张大海报，第二天把大海报贴在胸口，到校门口发布寻物信息，看能否把玩具找回来。他不想这么做，他相信玩具就在教务处："我们捡到东西都会直接交到教务处。"

我不是不相信人性良善，而是想借机教育他一次：这孩子天性单纯快乐，虽珍爱物品，却迷糊而健忘，对于在公众场所捍卫自己的权利毫无经验。我说："我们来做张海报吧！如果玩具被捡到的人据为己有，妈妈希望你至少做点努力，让他明白对方失去玩具后的心情，让他感受到自己行为的后果。你还能练习自我挑战，捧着海报跨出舒适区逢人就问：'有没有看到我的玩具？'"他说："妈妈，我不想成为大家的焦点。"我继续劝说："你不想成为众人焦点，我能理解。换成我，也会很害怕这样凸显自己。妈妈也相信很有可能在教务处就能找回来，根本不用这样大费周章。可是，万一不是这样，妈妈衷心希望你能发挥影响力，让人知道有这样一件事情发生了。这是我们的道德责任，万一某个孩子捡到后没有放到教务处，自己拿回家玩了，妈妈希望他的心感受到一份重量，这份重量可以让他看见自己。"

于是，我们开始做海报。我不强迫树，只是先做好海报，如果玩具在教务处就太好了；万一教务处没有，他还是能自行决定是否要做这件事。我们想在深蓝色的大海报上，用白胶带贴出关键词句，大家一起头脑风暴。我认为关键句是"我很爱这玩具"，树认为是"请还我"，爸爸则认为是"悬赏 500 元"。

这下好了，爸爸与我的概念不一致，我们便讨论起来。

我说："悬赏 500 元，这太功利了，我不同意。"

爸爸说："这是最有效的方法。诉诸赏金，最容易找回玩具。"

我说："我想要触动孩子的同理心、主动的良善，而不是利益心，免得以后捡到玩具，都盼着有悬赏金可以领取。”

到底是以“恻隐之心教育”为先，还是以“最能找回失物”为重呢？我动摇了。

最后，海报用白胶带贴上了“请注意”和“悬赏”几个字，看来我被找回东西的迫切心情动摇了。然而，我依然无法写下“500元”这几个字……于是，海报制作半途而废。海报的无法完成，表达了我内心的矛盾。

第二天，树在教务处找到了他遗失的玩具。全家都放松了，欢喜庆贺。对于这个结果，我反省了自己：我为何坚持要在前一晚立即做海报呢？我是否无法纯然信任这世界的良善，不认为东西找得回来？

我想起日本作家新美南吉的童话《花木村和盗贼们》：

> 一个杀过人、掠夺了一辈子的老强盗，带着新收的四个徒弟来到花木村，打算好好干上一笔。老强盗经验老到，而他的徒弟们，锁匠、木匠、街头艺人和补锅匠则是新手，虽各有专长，却不是强盗专业。老强盗自己在村子的郊外纳凉休息，徒弟们去探听，好准备夜间行窃。这时，有个孩子想和玩伴们玩捉迷藏，便把自己放牧的牛托付给老强盗看管。小男孩满心信任，而老强盗则内心扬扬得意，他

思索着等一会儿徒弟们回来后，就可以让他们瞧瞧，为师我这么快就完成一笔生意。然而，没想到那天，老强盗与那头牛在一起时，那头牛用一双充满信任的眼睛看着强盗。一双充满信任的牛眼睛啊，眼神毫无遮掩地看着老强盗……老强盗不知怎么地老泪纵横，他一边流着泪，一边回想自己这一生，都是人家因为自己而落泪，小孩见了自己就哭得厉害，生人见了自己就避开，自己一直是孤独的，什么时候曾被人这样看着？上一次被人这样看着，是什么时候啊？应该是自己年纪很小的时候吧！那时是几岁啊？连自己都忘记了。

就这样，老强盗被牛依偎着，尽心尽力看守着牛，眼泪不停地流了一天。直到黄昏，徒弟们回来了，他们看着师父的泪痕十分诧异。老强盗没等小孩来寻牛，坚持一定要进村子找到那孩子，把牛还给他。一行人进了村子，找了一晚上，都找不到那神秘的孩子……最后，竟然进了巡逻队队长的家，委托他来寻找牛主人。队长一见这五名外乡人，直觉认为他们就是盗匪之徒……然而，他拍拍自己脑袋说："怎么可能，盗贼来还东西？"于是，他做了一桌上好的菜，宴请旅人。

结局如何？大家自己想象一下。

在树说找到遗失玩具的当下，这个非常好看的故事，便浮上了我的心头。在这个故事中，树纯良的信任铁定是那头牛或那菩萨化身的孩子，而我大概是那怀疑他们是强盗又请他们吃饭的巡逻队队长。树保有如此纯净的心，非常好，然而，我到底要不要把世界的其他方面，在他 11 岁的时候，开始慢慢告诉他?

“人在老天爷的照顾下学习着”，意思就是老天爷提供了一个学习的场所，而我们要时刻掌握自己的课程。故事里的老强盗被忽然涌出的大量泪水洗净，恢复了良善。代人看管一头牛，把牛归还给失主，是每个人都做得到的事情。故事中，坏人被牛一双充满信任的纯净眼眸撼动，于是把牛还给失主，这股转化的力量，让读者感动。

幸好我没有以悬赏为重点来写那张海报，那是在教导孩子，钱对人心的推动力超过良知。我也不会放弃与孩子讨论：用钱当诱因有时的确有效，但也有反效果，例如以后可能有人会因此藏起玩具等候悬赏来领钱。教育孩子时，我把对人性良善的信任放前头，同时教导孩子认识金钱对人的诱惑力。

真正的爱是接纳

一天，爸爸回家后说，他在星巴克听见几个贵妇人在闲聊彼此是怎样逼小孩去练足球的。他摇摇头说："那样对孩子说话，孩子再怎么愿意努力，也不可能在足球场上做到真正的自由往前冲。"我很好奇那些贵妇说了什么，竟惹得见过无数失足青少年的爸爸下此断言。原来，那些贵妇人逼孩子练球的话语类似诅咒："先前，你……怎样都踢不好。现在，好不容易遇到这个教练，再不认真，你就一辈子都踢不好了。"

我想起去年夏天认识的一位硬汉，在工作坊中，他诉说着小时候父亲如何严厉，如何硬逼他从事自己并不喜欢的职业。这位足球健将说："我很厉害，在足球场上，我把所有的愤怒都宣泄了出来，让自己痛，让自己很猛，让自己不怕死地猛烈攻击。"聆听他的分享时，我想着树也踢足球，像树这样用人本教育养出来的孩子，长大后如果遇到这种用愤怒作为助攻动力的球队会怎样？而这位硬汉，却在退休后花费巨资，接受世界知名疗愈大师的治疗。在治疗现场，最动人的一刻，是治疗师创造了一场深度冥想：硬汉在冥想中进入了自身的童年经验，体验到一场放松、被父亲爱着的荡秋千自由玩耍的虚构经验。

在那场虚构的冥想体验中，这个硬汉闭着眼睛，脸部的肌肉线条放松了，张力一直很大的肱二头肌也放松了，眼角有着泪光，嘴角微微上扬。我不知他内心的画面是什么，然而，在我脑补的画面中，我站在一片铺满落叶的广场上，看着他荡秋千，爸爸从后面推着他。在那一刻，他是自由的，爸爸说："儿子，无论如何，无论你做什么事，无论你未来成为谁，我都爱你。"

在怀树之前，我就许诺自己要长成一个有能力提供无条件的爱的母亲。像那位硬汉那样猛暴的力量，源于压抑后的反叛，他不顾一切要与世界为敌，借由攻击来杀出重围，而真正的重围是心里那道墙，那道"爸爸，我要突破你的封锁和箝制"的围墙。我不禁想着，像树这样的孩子，在我的教养下，要怎样才可能与这样的选手匹敌？没有围墙要杀出去的树，需要的是内在自发的动力，这动力源于热情，源于对世界的好奇从而想要靠近，源于对自身力量的信任与坚定。这样的孩子没有被压迫的苦，需要有无数次突破舒适区、熬过体能极限的经验，从中蓄积力量的训练，而过程应该是快乐的。

把舒适放后头，日复一日锻炼体能，让体能极限一次次扩大，享受突破舒适区后的愉悦，这些是培养孩子精神力量的基本原则。这股由爱与接受挑战带来的力量，未必在足球战场上能赢过用愤怒转移而来的暴冲力，却会成为人生旅途或战场上最大的力量。"无论如何，你不会失去妈妈的爱。"这并不是说给孩子听的承诺，而是我在心中给自己的许诺。在日常生活中，若我的表达取回了爱或刺伤了孩子，我会说："抱歉，妈妈刚刚的行为少了爱，那不是我的本意，而是因为我缺乏锻炼。你也要明白，你这样做会刺激妈妈爱的弱点。让我们一起努力吧！"

回到咖啡店贵妇那种诅咒式的教养方式："遇到这么好的教练，你再不认真练球，就一辈子都踢不好了。"说这种话的母亲，内在一定有很多对自己的无奈与挫败，一定有着自己想要完成却放弃了的梦想。若要把诅咒转为祝福，可以这样说：

> 妈妈很羡慕你现在拥有的条件，有我们支持你练球，还找到了好教练，这真是个好机会，我期望你好好加油喔！
>
> 小时候，妈妈真的没有这样的机会，得到这么多支持。孩子，我也要找到自己曾经放弃的梦想，从现在开始认真完成。

自由，是成长的动力

有一阵子，爸爸迷上了一本书，叫作《富爸爸，有钱有理》，书中还附有一套"现金流游戏"的桌游，用来让人在游戏中学习理财概念。

书与游戏的理念是，人需要累积非工资所得，并且让开销低于收入，才有办法累积资本，实现梦想。因此，在游戏过程中，除了靠运气抽卡选择职业、决定每月薪资与开销，还有很多经营大小生意的投资机会。游戏者在玩的过程中会体验到“买股票和房地产、计算非工资所得，然后去实现梦想”的经验。树是“爸爸迷”，跟着进入了这股热潮，加上小学六年级的他正在学习金钱概念，便兴致勃勃地仔细阅读完这本书，争取每一次有玩伴可以玩现金流游戏的机会。

某个周日早晨，阿公阿嬷为了响应孙子的殷殷期盼，答应一起玩这个游戏。大家围着桌子，摆开游戏盘，阿公还开玩笑：“很有要打麻将的感觉。”阿公出手很惊人，没现金可用，还向银行贷款 100 万买股票；而阿嬷则稳扎稳打，把握每个投资机会，审慎理财。

看过书、对投资理论有信心的树很兴奋。他关注每个人的投资，甚至挂念我不爱买股票，还抽中失业的机会牌，濒临破产的危机。当我终于从失业中恢复，重新加入游戏时，他兴奋地欢呼起来，比我还要高兴。他摩拳擦掌，想在游戏中实践他从书上学到的理财概念，然而，他的运气不佳，一连三次遇到生小孩的事件（在现金流游戏中，生小孩意味着每月支出会加倍，是金钱上最大的亏损）。

奋战了一个早上后，我先去厨房煮饭了，把局面交给树掌控。没想到，半小时后游戏便结束了，他的情绪从高昂到低落，陷入低潮。爸爸说："不能再玩了，你作业没写完，下午还要去踢足球呢！玩到这里就好了。"他问爸爸："我可不可以下午不去踢足球，我们现在再玩一次？"爸爸说："不行，我肯定会送你去足球场，你踢不踢到时候再决定。"他因为游戏体验不足而被卡住，连在厨房的我都能感受到他的失落，于是喊他到厨房来。

他表达了自己的感觉："我心情低落并不是因为输了游戏，而是，我觉得有好多事情要做，有学校作业，还有补习班的英语作业，还要去踢足球。为什么假日这么短？"我问："如果时间无限，你想要什么？"他说："我很困惑，为什么我每个动作都遵循了书本的原则，可是结果却不一样。我好着急，想要再试一次。"他是"五月天"的粉丝，我说："像《温柔》的歌词一样，妈妈给你全部的自由，学校作业你可以选择不写，并承担不写作业的结果；补习班的英语作业也可以不写，你自己安排什么时候补回来；足球也可以不去踢，我可以帮你跟教练请假，少一次练习就是了。重点是，你想要什么？每个选择都是个方向，带领自己前进。妈妈每次觉得在时间上困住，都会想办法给自己最大的自由，在自由感中依据渴求和良知来选择。因为被允许自由，就能听到真正想要的，并清楚承诺与责任是什么；因为自由，而能承担很多；因为乐意，所以工作效率良好。”

我问他：“想要去踢足球的，是谁？喜欢学英语的，是谁？这么急着再玩一次的，又是谁？”他回答：“足球是我想踢的，喜欢英语的是我，急着再玩一次的也是我。”我又问：“那个很着急的你，是谁啊？是个大人，还是小孩？几岁？”他说：“是个小孩，跟我一样年纪，就是我。”于是，我放下手中的菜刀，认真看着他说：“真好，这么小就充满了学习热情。《富爸爸，有钱有理》这种要让人生有钱去完成梦想的志气，一定是大梦想，要好好珍惜，不只需今天要全力以赴，以后每天，都要有这种志气，至少要花费 10 年、20 年甚至 30 年的时间，梦想会成真。知道吗？”

最后，我问他：“那你决定好了吗？怎么决定？我会负责说服你爸爸，也会帮你请假。其他该承受的，你自己来。”不晓得是不是刚刚的话鼓舞了他，他的情绪高昂了起来，说：“我想去踢足球，因为那是我跟教练的承诺，而且我喜欢。我也想要把英语作业写完，因为我很高兴可以把英语学好。然后我决定，学校作业先放弃，明天一大清早，我会起来写。”我说：“来炒菜了喔！”他开始想要吃我锅里的菜，一定是食物的香气带回他本能的活力，他情绪好起来了。吃了几口香菇炒肉丝后，他的笑容也回来了。

吃午餐时，我征求他同意，把他的心情转述给阿公阿嬷，他自己也开口做了补充。一家人热闹地讨论起各自在游戏中使用的投资策略。阿嬷说起家族投资股票的兴衰史，说起树的表伯伯因为借贷买股票被套牢时的失望神情，还曾经在股市大跌时成为电视新闻的一景。吃完饭，树开始写作业，三两下，不仅英语作业写完了，学校作业也写完了，写完作业还跑来吵我，一直要我出很难的数学题目考他。之后他小睡了一会儿，才被我们叫醒，出发到球场上足球课。下课时，他说："妈妈，我们今天好快乐，因为我们跟大人一起比赛。教练说了我的缺点，让我练习改进，今天我学到好多。"

比起用大人的选择来说服孩子的父母，我采取了不同的做法。当我说"妈妈给你所有的自由，学校作业你可以选择不写"时，我笃信孩子若没有感受到自由，便学不会负责，还会觉得人生快乐被学习剥夺了，让学习承受不白之冤。一辈子都非常努力负责的我，深知那份热情与动力，来自我对每件事的真心渴望，没人逼迫我。

当自小没在压迫下长大的孩子被给予自由时，通常他会选择为自己的生命种树。而自小没有太多自由抉择经验的孩子，当父母给予全部的自由时，孩子的第一个需求就是反叛与发泄。从反叛到珍惜自我并奋发向上，需要好长一段时间，会考验父母对生命的信任度。我曾在体制外中学担任过几年对辅导老师的督导，知晓这些青少年拥有自由后的颓废，以及如何支持他们从颓废中自主奋发向上的过程。

“给你全部的自由”，父母说出这句话时，是真心要让孩子自主，还是一种“以退为进”的策略？这考验着父母是否在自己的人生中已经走出被迫珍惜人生的步伐，并笃信自己无论如何都有做出抉择的自由。许多父母把自己人生的遗憾寄托在孩子身上，栽培孩子和孩子获得的成就，成了他们与朋友谈话的主要内容。这样的亲子教养，会失去与孩子的亲密关系，同时也使孩子失去了内在的自主力。父母如果想弥补自己人生的遗憾，无论何时都不晚，此刻负起责任就能选择圆满自己。这样就无须把自己人生的意义跟孩子的成就绑在一起。

在赞美与挫折中找回自己

树上小学四年级的那年春天，全班到台中参加了一场中区的小学“乐乐足球赛”。

这场足球赛命名为“乐乐足球”，就是倡导快乐踢足球。比赛中，场地缩小了，球门也缩小了，每队人数只有 5 人，并规定要有一定比例的女孩。显然，这是一场门外汉都能快速入门的友谊赛。比赛时长两天，第一天的两场，他们一赢一平；第二天，他们失去平日水平，输掉了两场，最后拿了第四名的奖杯。跟着去的家长与老师没人责怪孩子，大家心中各自抱着小小的失落、困惑、惋惜，没有讨论，也没有说破，温柔安慰，继续鼓励，就这样坐着游览车回了家。

因为去台北工作而没有亲临现场的我，一回到家，就接收到来自三方的信息。首先是随行的旦旦，她兴奋地说起两天的球赛旅程中的各种好东西："每个人都有便当，便当太多了，连我都可以单独吃一个，里面还有鸡腿喔！好多饮料、西瓜和养乐多……"她的经验充分展现了这场球赛中孩子们享受到的充裕物质。热心而富足的家长、全力支持的校方租了一辆游览车，浩荡热闹地南下去陪孩子踢球。家长们都穿上了校服，观众席上一片亮黄色。喊加油、扇扇子、递饮料、送便当……就像在野餐，每个孩子都得到了充分的关爱与照顾。

接下来是树。他等不及旦旦展示完所有的好东西，就跑来要抱抱，神情有些落寞："妈妈，输了。"我问他还好吗，他说："还好。"我感觉这"还好"的底下有东西，只是过于欢乐的气氛难以碰触他内在真实的落寞。

吃完饭，孩子们帮忙洗了碗，然后就去做自己的事了。爸爸避开儿子，悄声对我说："决赛的第二天，去最多家长的我们却是输最多场的。赢最多场的那一队，只有教练和两个家长跟着，教练很严格，球队纪律也良好。”我心想，这就像是“去远足的球队”PK“去打仗的球队”。他说：“你知道吗？休息时，其他孩子在闭目养神，我们这群孩子则追逐来追逐去，欢乐极了，一点都不像在比赛，倒像是来玩的。”

他在扼腕之余，思考良久，说：“理书，我知道了，这些孩子，在第一天初赛赢球之后,得到了太多的‘你好棒’。这来得太早的‘你好棒’，让孩子们感觉自己已经完成比赛了，从而失去了准备第二天球赛的决心。”我问：“真的吗？”他说：“我不知道别的孩子怎样，但在初赛后的晚上，在树旁边的我大概听到15声以上的‘你好棒’。”

爸爸在晚饭后出门工作了，我单独问树：“这两天，是不是听到很多次‘你好棒’？”他：“对啊。”我问：“那么,当别人跟你说‘你好棒’时，你心里怎么想的？”他说：“我觉得我没有那么棒，可是又不知道怎么回答，只好苦笑一下。”这一番话碰触到了他的脆弱处，他的眼眶湿了。通过对话，我整理出孩子的心路历程，当大人频频说“你好棒”时，他心中想的是：

其实我没那么棒，都还没踢决赛呢！今天赢球是因为对手不是很强。

我好棒吗？那明天是不是要更棒才行？好有压力喔！

这赞赏让他在第一天的夜晚有了压力，在一片赢球的欢乐气氛中，他默默承受着压力没有说。（因为这是“乐乐足球赛”，只有他还在假日练球，有教练指导，其他同学都只是下课练球，没下过苦功夫，所以轻松许多。）

在爸爸眼中，第二天在球场旁边跟随大家一起追逐玩乐，看似毫无决赛意志的树，其实内心充满了焦虑、紧张，他开始“怕输”。他承受着赞赏背后的期待，开始害怕自己会辜负这份期待。用他自己的话来说，第一天就是专心踢球，不怕输；第二天他却开始怕输，家长团队震耳欲聋的加油声，让他分心。

他告诉我：“比赛时，家长们都在叫嚷着，‘踢得好！’‘好厉害！’‘加油！’这些话让我分心、有压力。”这份心情可能是当下的，也可能是输球后的归咎。他还说，有一次，家长们大声帮球队加油时，有个本来可能进球的小朋友，因为回头看了看是谁在加油，结果就没踢进去。对于第一天备受称赞，第二天却输了球，树的心情是这样的：“我们受到了那么多鼓励，却输了。真讽刺！”

面对孩子的苦恼，我寻思着要如何使用这份苦恼的力量。我说：“找个角落，好好地单独哭泣吧！让眼泪流出来，记得这种深刻的感觉，累积起来成为练球的动力。”没有拥抱与安慰，我给了他一个角落，把旦旦支开，帮他点了蜡烛作为陪伴，让他安静地与自己在一起。这孩子内心有挫折、懊悔和自责，我相信这些难受的心情会成为未来的动力，让他能安静面对并与自己的人性相处。我提醒自己，不要太早用拥抱和安慰，反而阻挡了孩子品尝人生滋味的好机会。

孩子在小时候经历了失败后，经过苦练而有所成就的美好，我很喜欢。平时经常听到许多自小学习很好、不曾落败的孩子，到了一流中学或大学后却一败涂地的例子。

当过10多年教师的我，很谨慎使用赞美词。我要求自己要认真观察，带着专业知识给出具体的赞美，尽量不给浮泛的“好棒”。儿子参加“乐乐足球赛”的第一天，我如果在场，会说：

> 赢球了我也很开心呦！
> 喜欢看你踢球的样子。
> 你今天在……过人的踢法，我第一次看到呢！
> 妈妈第一次陪你参加足球赛，赢球了我也很兴奋，谢谢你。

然后，如果要支持孩子，那就敞开对话空间：“今天晋级了，明天的赛程挑战一定会更难，你的心情如何？”

爱孩子，让他成为他自己

足球赛后，面对孩子的内心波动，我不禁反思：如果我在场，是否也会随大流加入加油的声浪？是否也会太快给予孩子赞赏和安慰？是否会在比赛进行到越往后、要求越高的情况下，仍然忍不住起哄赞美？随着老式严苛教育的逐渐退场，新式的以鼓舞为中心的育儿观流行起来，然而，我们会不会用甜甜的爱养出软软的孩子？

几年前，博客开始兴起以后，有些家长会把自己的博客当成展示孩子成就的场所。孩子可爱的美照、画作、活动记录纷纷出现，如同私人粉丝的新闻报道，孩子在爸妈的版面中成了小明星。然而，把生命的糖霜如此放大，构成了孩子的自我认同，甚至人生变得需要糖霜来加味，其实是危险的。孩子真正的力量应来自接纳并喜爱真实的自我：成功的时候喜欢自己，失败的时候珍爱自己；享受成功时的满足，也珍惜没人注视时的奋斗。

父母注视孩子的焦点，以及平日对朋友述说孩子时的重点，都影响着孩子如何诠释自己的生活。过于加强孩子对自我形象的关注，容易鼓舞孩子追寻“表象的虚假自我”，而很难在静默无人观看时，凝视并肯定日常的自己。

大人很容易把自己年轻时的遗憾寄托在孩子身上。遗憾年轻时没有好好打扮过的我，曾经想要把女儿穿洋装的靓照上传到网上。当我准备按下送出键时，看到了我的那个需要打扮与赞美的内在小孩。于是，我撤回了这样的照片，一方面是出于隐私保护，另一方面是为了“不利用孩子来完成自己的人生遗憾”。

过敏防治中，有个名词叫作“免疫教育”，意思是要让孩子有机会在年幼时就开始练习接触各种环境。不能把孩子养在无尘室里，因而错过培养各种免疫力的关键时刻。痛苦、失败、挫折、分离的哀伤、饥饿、跌倒、受伤等，都是成长历程中最必要的养分。严格的要求、提出真实的观察与回馈，比如教孩子从录像带中看出自己在球场上有什么样的缺失、什么样的不良习惯，这部分支持与鼓励孩子一样重要。

赞美孩子的话若要具有鼓舞孩子的力量，得是在孩子挥汗吃苦、奋力超越自己时，他自己在振奋中感受到自己好棒的时刻。若孩子还没尽全力，还没感受到进步的振奋，大人就浮泛地用“你好棒”这样的赞美，则会麻痹孩子的自我回馈系统，可能会阉割孩子继续努力的动力，或让孩子产生害怕让大人期望落空的焦虑。

树小学六年级那年，他参加了球队的暑假集训，生命中第一回离家外宿。那段没有爸妈在身边，每天要 5 点多早起练球的集体生活，成了他生命中最美好的回忆。慈爱却严格的教练、严格的纪律、勤奋的练球、体魄的健壮与球技的熟练和掌握，都是真实的“好棒感”。

在日记里，他这样写着：

那天，我们开展了第一次的初中队练习，为了培养默契，教练叫我们做二抢三的跑动传球。在接球前，要跑向前，喊声要球，然后把球控下来，控在没有敌人的那一侧，眼睛移动，寻找下一个传球对象。就在我们练得汗如雨下，动作越来越敏捷、果断的时候，教练让我们休息，准备去跟大人比赛。这些大人可不是路边随便找来的大叔，他们都是经验老到、身体健壮、脚程飞快的退休教练或交大足球队的球员，我们得加把劲才能赢他们！比赛开始后，球传到我们教练脚下，他指挥我们散成三角形，拉边要球。我也上前向教练要球，他传了过来，我接球，看侧翼的队友，传过去，跑向前支持。我很开心，因为自己做得不错。在比赛过程中，我发现自己还有许多不足的地方，比如传完球要上去再接应，分球要果断明确，敌人靠近时要出脚抢，不要太退缩，队友带球时要大声喊要球。有一次，球飞快地传来，离地30厘米，我用脚上去迎接，没控好球，球立刻弹走了，教练训了我一顿，我也觉得很苦恼，暗下决心下次不能再犯了。然后，下一次对方在禁区解围出来，球从更高的地方飞来，我用大腿上去迎接，碰到球的那一刻，大腿收力，球果然就停了下来，我很开心。我转身回传给教练，再跑位要球。踢完第三、四场之后，我觉得自己一直在进步，越来越进入状态，整个身子都热了起来。

在孩子的叙述中，快乐是发自内在的，是从心里自然流动的鼓舞。没有掌声，也没有“好棒”，有的是内在细胞与筋骨间真实的振奋。他说：“我很开心，因为自己做得不错。”他说：“我发现自己还有许多不足的地方……”他说：”我用脚上去迎接,没控好球，球立刻弹走了，教练训了我一顿……然后，下一次……我用大腿上去迎接，碰到球的那一刻，大腿收力，球果然就停了下来，我很开心。”像这样能用知觉与自己的身体同在，能判断自己为何失误，且知道如何改变并完成任务，就是最真实的鼓舞。

树现在已经上初中了，这些年，他积累了无数的球场经验，再也不会被场边家长兴奋的加油声或外行人的指挥语（“赶快，千树，快跑回来”）影响了。他有自己的内在回馈系统与评估，教练的肯定与关爱对他的影响力，要大于系统外的人。而真正鼓舞他的是系统的训练，以及真实感受到的进步感。

我认为,父母更需要的是跟自己说“我好棒”“我要尽力”“我要加油”来鼓舞自己吧！我就常常这样对自己说：当孩子表现好时就赞美自己，当孩子的表现让人失望时就安慰自己，并接纳自己的尽力，以及内心的落差感。这就是能给孩子的最好的鼓舞了。

第11章

“慈爱国王”是最好的父母

孩子的麻烦，不是冲着父母来的

成人之所以能在这么复杂的社会中不惹麻烦，顾全大局，考虑未来，理性判断，放下或暂时延后个人需求，是因为这些都是成熟后的必备能力。而孩子之所以天真，童言童语有时让大人惊艳，绝对跟孩子没有被这些成熟能力遮蔽，保有纯真的感官知觉，能诚实地在不恰当的时机呐喊自己的需求、表达当下的真实有关。

童话《皇帝的新衣》让我们品尝到不世故的重要性。不是每个孩子在说出“国王没穿衣服”这种话时都能被赞赏为有智慧，很多时候，孩子的确是只为自己着想、不分青红皂白胡搞的小家伙。然而，孩子就是要经历这些麻烦时刻，才一次次长大的啊。

差别在于，他们是被爱着、被接纳着、被欣赏着，从而学会了安分、顾全大局，还是被恫吓、被理性劝说，逐渐学会了压抑——那些不曾被接纳的胡搞需求和不理性的情绪，就这样压抑着，等待机会恣意胡为[1]。

对父母来说，陪伴孩子通过这些麻烦时刻，教孩子学会管理内在，而不是压抑不理会，真是一门优雅、需要长时间修行的艺术。这门艺术的第一要务是明白：“原来，这些麻烦，一开始都不是冲着我来的。”

在卖场，如果孩子吵着要买玩具，父母无计可施，最后自觉失了面子，豁出去大骂，可能是认为：“你是冲着老子来的吗？”“你故意跟我过不去吗？”父母在这种情境下，很容易认定孩子出现这样的行为是故意在找麻烦。其实，这些麻烦大部分是孩子搞不定自己而造成的，孩子的个人需求与父母的需求或环境没有对上。那些刻意找麻烦的孩子，只是极少数学会“用哭闹能使父母顺从自己”的孩子。

孩子在成长过程中，从自我本位成长为需要时可以放下自我中心，为群体服务，需要长期的陶冶，才能培育出来。陶冶之初，看似亲子冲突的背后，其实也有孩子自身本能与心理需求的冲突。

1　在处理婚姻问题的工作中，我发现，那些发生婚外情的成年男子，每次追溯内心，总会与他们童年的不满足或恐惧相遇。

好想睡觉却还没刷牙时，活泼爱动的孩子到了火锅店时，刚上幼儿园的孩子在校门口要与母亲分离时，这些麻烦的时刻，都是孩子的本能在与长远锻炼发生冲突，需要父母的帮忙与协助。

这个过程是自我关系建立的关键期。被爸妈不允许的自己，还会不会被爱着？不想刷牙，很想乱跑，抓着妈妈不放手的自己，还可以自由表达、被爱着吗？我要不要不理会自己，直接压抑下情绪好让父母不生气而喜欢我？父母在这种时候对待孩子的态度，会成为孩子定义自己的能量，如果父母在此时表现出不悦，孩子也会对自己心生抗拒，而不爱自己。

当孩子的内在冲突成为他自己与父母的对立时，不同的孩子会选择不同的未来人生的基本态度。日后会成为社会中坚的乖孩子，选择压抑并放弃自己来不惹父母生气，选择用听话来维持父母的爱；日后可能成为社会边缘人或充满创意的独特人士的孩子，或许会“继续吵，直到我被满足或被打为止”。而这两个选项其实都是错误的。选择前者的孩子失去了与父母的真诚联系，选择后者的孩子则失去了练习自我控制的机会。

父母若能突破自己的惯性，在这种时候表现出支持的态度，孩子会发现，无论如何，我都会得到支持。然后，他开始有空间来审视自己的冲突：

喔，原来我心面有“要”和“不要”。

怎么办呢？

我有没有办法让“要”和“不要”的自己和好，而找到解决办法？

孩子需要在很平静、没有被压迫的情况下，才有空间形成内省的眼光。而这空间，是通过父母的支持创造出来的。当父母非常平静时，孩子就不会在这时候把内在冲突投射为外在冲突，于是就能体会到“原来是我和自己谈不拢，不是爸妈在找我麻烦”。当父母成功地在这种麻烦时刻减少了亲子冲突时，就是孩子学会自我负责、自我控制的好时机。

父母内在的“冲突三角情结”

对父母而言，当孩子制造麻烦时，做到降低亲子冲突，并不那么容易，因为他们小时候发生这种冲突时，也未必得到了身边大人的平静支持。也就是说，父母内在“要”与“不要”的冲突，会在这个时刻被孩子引爆，一样得面对自己冲突的内在。这时，父母的表面冲突通常是：

要不要对孩子生气？

要不要放弃坚持，同意他的观点就好？

然后，当自己决定不生气好好说话却又生气斥责孩子时，父母又觉得自责。这时，从孩子的内在冲突，引发亲子冲突，再引发父母自身的内在冲突，从而成功复制了童年情境——两个自我的冲突＋一个指责的人际关系。

我们把这个属于父母的内在冲突称为“冲突三角情结”。

“冲突三角情结”窝在我们内心的某个角落里很久了：一个顾全大局的自己＋一个被压抑的本能欲求＋一个指责父母的烙印。成人在童年时，会选择用不同的方式解决自己内在的冲突三角，也就成了不同风格的父母。

经常成功压抑本能欲求而学会顾全大局的孩子，会成为学校的好学生、社会的中坚，循着社会赞同、不费力的道路前进，成为中产阶级的“好人”。这样的人成为父母以后，最怕也最容易遇到本能欲求很强烈、执拗而不肯放弃的孩子，因为孩子像镜子，会把父母压抑最深的自己释放出来。不太压抑自己长大的孩子，可能成为调皮而有创意的中产阶级，或熟悉反叛与对立，用冲撞来满足自我需求的社会边缘人。这样的人可能成为放养式的父母，但有时会忽然暴怒或使用暴力，亲子风格会在过度宠爱与过度严厉间移动。

这两类父母未必泾渭分明，大部分父母都是徘徊在这两端之间。我们会顾全大局，也会聆听本能欲求；我们会压抑，也有偏方来小放纵一下。也就是说，解开这“冲突三角情结”的秘诀，在于此刻就决定接纳种种面向的自己。那个压抑的自己，值得我爱；那个本能的欲求无论多么离经叛道的自己，也值得我爱；而那个放弃或严苛指责的自己，更需要被揽入爱中。爱自己的压抑，不表示要继续压抑；珍惜自己的离经叛道，不代表要放纵而行；把自我放弃或自我指责揽入爱中，则是为了成为更公正慈爱的父母，像个慈爱的国王，包容境内的各种角色。

当我们能像个慈爱国王时，无论自我的人格有千百个，万千风貌都一律揽入爱中，和平协商统治，并善加运用，就是成熟的最终境界了。当父母的这条道路，就是成为慈爱国王的道路，即使我们还在起点，只要目光已经从“我无法控制孩子”转向内在“原来我还没学会好好治理自己”，就能用平静来支持孩子当下的自我冲突。而每次成功地用平静（即使中途依然失控）陪伴孩子度过麻烦后，我们就会发现自己更成熟了一些，仿佛在陪伴孩子的同时，也把慈爱的光照入了自己的内在，自我境内的子民们都享受着慈爱之光。

让我们回到这一章的起点：“孩子的麻烦，不是冲着父母来的。”当孩子惹麻烦时，当我们原本想帮助孩子，最后却发展成亲子对立时，就是我们掉入自我冲突陷阱的时候。当我们认为孩子在故意跟我们作对，认为孩子不肯接受教诲时，或把焦点放在孩子不尊重我们或辜负我们时，原本单纯的孩子的自我冲突，因为与外界社会期待有出入，在父母介入后，就成了亲子冲突或亲子对立。当父母从“孩子，让我来帮忙”变成“孩子，听我的话，让我们离开这压力”的局势时,双方就进入了“权力斗争”的阶段。本来是要解决一个社会情境的压力，最后却成了你赢我输的权力斗争。这种情况不仅会出现在亲子之间，夫妻之间也经常上演。

无论是亲子沟通还是夫妻相处，随时觉察自己的内在，当内在的动机变成“我要证明自己是对的”或“听我的”，原来只是单纯想解决问题的需求，就变成了“我想证明自己是对的”“我想要被尊重”“我想控制局面”的权力斗争需求了。这时，我们需要暂停下来，深呼吸，觉察自己的呼吸，尤其在吐气时许愿说：“当我吐气时，把所有的愤怒和控制都放下。”“当我吸气时，把‘冲突三角情结’带到我的爱之中。”让自己暂停外面的沟通，回到内在的慈爱。

做慈爱国王，做最好的父母

没有人一开始就是慈爱国王[1]，每个人都是从“半吊子”开始，在做父母的路上朝向圆满与完整前进。慈爱国王的养成道路是生命的一段旅程，如果不成为父母，那么就会少了很多刺激来逼迫自己踏上这段神圣的旅程，并以完善自我的姿态走到终点。孩子成长过程中的种种情境、种种“幼稚”会在人格动力上，将父母带回那些小时候被放弃的人格面向。于是，借由教养孩子的同时，父母可以自我教养，唤回那些童年被搁置或放弃的人格面向，用爱将其揽入怀里，统整成为人格境内的重要一员，并治理在爱中。

自古以来，国王的荣耀和权力都是上天赋予的，而国王若能秉持天地自然法则来治理国度，不被自身的欲望或阴影控制，国土通常能长治久安。身为父母，这份荣耀也是上天赋予的。下面我们来看看纪伯伦的诗：

> 你的孩子并不是你的孩子，
> 他们是生命对自身的渴求的儿女。
> 他们借你而来，却不是因你而来。

1 请对性别议题敏感的朋友，包容我使用了“国王”一词，“国王”一词也可自行换成“女王”，这两种称呼其实没有什么差别。

尽管他们在你身边，却并不属于你。

你可以把自己的爱给予他们，却不能给予思想，因为他们有自己的思想。

你可以建造房舍荫庇他们的身体，但不是他们的心灵，因为他们的心灵栖息于明日之屋，即使在梦中，你也无缘造访。

你可努力仿效他们，却不可企图让他们像你。

因为生命不会倒行，也不会滞留于往昔。

你是弓，你的孩子是被射出去的生命之箭。

那射者瞄准无限之旅上的目标，用力将你弯曲，以使他的箭迅捷远飞。

让你欣然在射者的手中弯曲吧，

因为他既爱飞驰的箭，也爱稳健的弓。

这里的“射者”指的是生命自身，对我而言，即生命的源头、宇宙的大智慧、比我更大的我。我们要敬重孩子的灵魂，不能因为他们在人类文化或社会的成熟发展上比我们晚，就傲慢地认为自己是过来人，想法与观点就是对的，要善于聆听并给予支持。在支持孩子的同时，让自己化身为弓，同样被生命的大手揽入，然后放手并知晓：“对孩子的生命而言，自己并不是那拉弓的射者，而是为了让孩子远扬，愿意被生命弯曲的大弓。”当父母有了这一层次的体悟，并在每一次感觉被孩子“逼迫”时，知道那不是孩子在逼迫我们，不是孩子在找麻烦，而是生命的大手通过孩子带来了拉力。他要我们更柔韧，要我们更能感受到生命自身的丰富，要我们找回曾经失落的纯真，唤回曾经被压抑的本能力量。愿我们如同孩子一般，有更纯净的眼睛，看见这世界的惊喜，感受到爱，以及没有那么多责任与规矩的自由。

当父母意识到父母之权源于神授，意识到自身的职责不是把孩子调教成自己梦想中的孩子，而是让孩子成为他生命中原本梦想的自己，那么，当孩子每一次“惹麻烦”或“有状况”时，我们会有更大的安静与好奇：孩子正在被生命带领，抑或偏离了生命？自己的管教正在被生命带领，抑或偏离了生命？我们可以祈祷生命的守护，向宇宙的智慧探问，用更高的视角来观看当下。当我们开口询问生命，当我们相信生命大智慧正在守护孩子的成长，并通过孩子来教会我们如弓一般收放自如时，我们也把亲子双方带回了生命的守护之中。每个片刻，都在守护之中；每个片刻，都有一个生命的启发。孩子所谓的偏误可能只要我们放下自己的偏见就可以了，抑或，孩子的偏误是一个征兆，告诉我们需要调整教养或孩子发展的方向。

慈爱国王的修行

慈爱国王要怎么养成？他们将负起责任，坐上宝座，治理自己的国土。

慈爱国王要怎么养成？他们将治理并协商，敬重并关爱每个面向。

这意思是，我们的心灵世界就是我们的国土，而我们的所思、所感、所言、所行，就是国土内的风土人情。每日生活的遭遇会刺激我们产生内在的心念、心情或情绪感受，并用说话或行为来表达，这就是我们的国度，以及每日的访客。孩子是我们国度的长期访客，他们就住在我们身边，受我们影响至深。有时，当有情绪风暴时、暴风雨出现时，慈爱国王需要在位。我们要觉知，要对自己敞开，要好奇，要存在，要负责，并在生命的感召下带着爱行动。于是，我们的存在感出来了，因为意识的临在，我们安在的力量也散发出支持力。平日与我们互动的人感受得到，生活在我们周围的人更是日日受影响。也就是说，有慈爱国王在位的国度，住在里面的居民与访客就能深耕土地，并拥有春风夏雨的滋养。

当我们因孩子而生气时，“在位”的意思是，我们的生气由我们自己负责，不会完全归咎给孩子。记得我当高中物理老师时，

有一回自己卡住了：我在黑板上出了一道题目，问了一个学生不会，问第二个学生又不会，问第三个还是不会……然后，我开始胃痛起来，而且脸色苍白，就跟学生们说："害我胃好痛。"我一直记得事后，有几个学生陆续跑来向我道歉，且真的有人开始用功。然而，我明白这是一种阴影的动力，由愧疚感出发的用功动力，并不是他们自爱或爱上物理而自发的用功。然而，当时我太年轻了，不懂这么多，直到后来辞职到美国念心理学，才清楚当时直接让我胃痛的是自己的紧张，是新手老师面对办公室名师环绕的压力，是自我要求和不接纳自己教不好的紧迫。学生回答不出来 = 我教不好 = 我不够好 = 我比不上办公室那些有经验的老师 = 被那些怀疑我教学能力的学生说中了。这些等号，平时我并没有察觉，却在学生都不会解题的情况下，瞬间冒了出来，于是，这紧迫创造了胃痛。孩子的学习困境只是一个引子，是我内在的状况引发了自己的痛苦。

这是 20 多年前的事了，回顾当时，我的国王修炼还没有来到慈爱的位置，我的内在世界还是个年轻的国度：崇尚负责，重视把事情做好，不能被看轻，必须很努力。在我之内，被排挤到边疆、不受国王重视的面向是"爱休息，需要休息的身体""想喘口气，必须喘口气的自己""新手没经验，自然会有一段时间表现平平的自己""年轻、怯弱、羞涩的自己""女性的自己"等。

作为一名 24 岁的年轻女子，进入一所著名的男子中学教学，我对自己的年轻、没经验特别紧张，因此工作起来很努力，不愿让自己休息，拼了命备课，比学生多用功好几倍。那时，我无法对自己慈爱，每年都要生一次大病，才能继续努力下去。也就是说，我无法敬重自己这些比较弱的面向，没有赋予它们生存的权利和空间。于是，它们被逼到了边缘地带、被压制到了底层，成了潜意识的反制力量，通过让我生病，强迫我休息。

现在想想，当时我的内心是不是把“学生没学好”，当成“冲着自己来的”？是不是认为我没教好，所以学生才学不好？是不是我对学生太好了，所以他们回去不用功？在某种程度上，我内心里的确有这些影子，那是我内在的国王对自己不够慈爱，对自我排挤抗拒，不允许年轻无经验的自己慢慢来的结果。

我 37 岁时才当上妈妈，这个年纪在“自我慈爱”的修行中已经够成熟了。因此无论孩子婴儿时不睡觉，还是 1 岁时不爱刷牙，“对自己慈爱”这个成熟力都展现在了对孩子的包容力上。当孩子来到一个慈爱国王的领土时，无论如何都会被包容，安居乐业地长大。

慈爱国王的姿态

如果我们认定孩子是在与我们作对，感觉被惹恼了，或觉得烦躁、受挫、生气、失望（失去平静），都是偏离了王者之道，落入了胜败对立的岔路。若我们说出口的话是："还不赶快去……""你是错的。""你的想法很糟糕。""我不是早就说过了吗？""去罚站。""再不……就要挨揍了。"（催促、批判、指责、威胁）就已经进入控制孩子的阶段了。如果心里觉得很想揍人、不被尊重、被辜负、父母权威受到威胁、有种想逃开或不想管的冲动（受伤、暴力或逃避），那就是"冲突三角情结"已经被启动，父母视自己为受害人，并开始出现转为加害者的行为。

反之，即使孩子很拗、说谎、与我们争论、做出违背我们教导的行为，我们仍可以保持平静，虽然着急，却依然能深呼吸；虽然被惹恼了，却能敞开心胸相信孩子一定有更深的理由；即使很想说教，依然把焦点拉回理解与接纳孩子，我们就可以说出这样的话：

> 没关系，慢慢来，我想多了解你。
> 虽然有困难，但我想支持你。
> 虽然很生气，我内心依然是爱你的，只是我的爱现在

被着急挡住了，出不来。

也许你做不到，但我接纳你。

无论如何，我相信你的努力。

你说的我能理解，而我的看法是……

由此，孩子在行为上，可能接触到：父母正在敞开心充分聆听；父母正在维持着自己的着急或怒气，但依然没有放弃我；父母表达了自己的立场，也没有否定我的看法；父母有他自己的需求，而他们正在设法兼顾我的需求。我认为，这就是父母成为慈爱国王的状态。

想象一下，我们自己提供的支持态度建构了一个王国，这王国内的植物、动物或子民日复一日在这些氛围的环绕下生存着。这王国若生机盎然、充满活力，自然会吸引良民来投靠，进而不仅自己在此生活得和乐安详，孩子的正向人格面向也会纷纷茁壮成长。若王国内怨声四起、良田废耕、小人当道，自然会使良民受压迫而盗匪盛行、恶人当家。生活在这样的氛围下，不仅自己会觉得挫败无望，孩子的正向人格也会被压抑，还得仰赖自己长出强悍却有负向影响的人格出来撑着，那可是亲子关系的双输啊！

我们要练习如何察觉自己的态度，当内在出现负向的支持时，要对自己的负向给予正向支持！意思是，如果我们已做出了生气或责骂孩子的行为，那么首先要给自己正向支持。我们可以对自己说：“好，我已经生气了，我已经做出责骂的行为了，我同时感受到了后悔。现在，我深呼吸，回到自己的内在，跟自己说：‘我接纳自己的生气，并爱这个生气的自己。’同样，我接纳自己失控的行为，并把这个自己揽入爱中。同时，我能回到爱中，为这个行为做出弥补。我同意并接纳自己的后悔，把爱送给自己的后悔，在爱中原谅自己，回到肯定中，相信自己可以转化它，给出更多正向支持的行为。”

我们慈爱地对待自己，接纳自己真实的每个部分，把那些自己都揽入爱中，给予爱和宽恕，寻找疗愈和转化，并公正地为已经发生的行为做出弥补。这就是慈爱国王的练习。在对自己慈爱之后，我们就能给予孩子真心的正向支持：

> 孩子，我为刚才失控的行为道歉。
>
> 我爱你，而我的爱被着急和失望挡住了，表达不出来。
>
> 我们的意见的确不同，你的行为也的确在我的期待之外，这是我们两个都需要扩展自己并找到共识的地方。然而，这并不妨碍我们的合作和相亲相爱。

当我们能这样真诚地表达自己，孩子就能感受到慈爱的支持。

于是，慈爱国王就会回到亲子之间，在爱的照耀下，在亲子过程中，学会共同治理彼此内在缤纷多样、无比丰富的人格面向。

创造慈爱亲子国度

烦恼、抗拒、失败、挫折、失望、受伤、害怕、想逃、念叨、指责、对抗、忽视、冷漠、放弃、没有对话的说教、没有聆听的责骂、看轻、生气、他错我对、想控制、拒绝、不信任而过度代劳、自认权力大应该掌控、埋怨、怀恨、肢体暴力……这些都是父母可能有的负向态度与行为，我称之为阴影亲子国度。

更大的好奇、愿意了解、愿意聆听、欢迎孩子的真实、愿意陪伴、承接与支持、看见努力、体谅无助、看见背后更大的善意、面对困难、承认自己的弱处、给予祈祷、给予宽恕、给予信任、给予实质的帮助、给予澄清、用爱环绕、邀请孩子来了解自己、表达自己的需求、我们是不同而没有高低、我们的需求没有交集但可以协商并找到解决办法、我欣赏、我赞赏、我同意、我支持、我爱你……这些就是慈爱国王的正向态度与行为，我称之为慈爱亲子国度。

表 1　阴影亲子国度与慈爱亲子国度

阴影亲子国度	0~10	慈爱亲子国度	0~10
没啥对话，只剩生活交代，没有交心		很能闲聊、分享彼此的生活、心灵交会	
生活只剩应付压力或工作		珍惜相处、享受生活的片刻、一起玩耍	
没有对话的指导或说教		带着好奇提问并产生对话、有表达与交流	
劈头就给出自己的意见或看法		充分地聆听、完整地看见孩子	
不喜欢、讨厌，父母像孩子般任性		欣赏、喜欢、父母也有童趣、一起顽皮	
失望、抗拒、不要、挫败		平静、接纳、愿意、好奇并愿意了解	
不信任、一再叮咛、指正、催促		虽着急却好奇、找回耐心、愿意信任	
无法管教、放弃管教、放任孩子		坚定的爱、坚持的守护、有耐心的持续教导	
责骂、处罚或使用奖品		平等的、合作的、互相学习的、自主的	
与孩子对抗或在亲子情境中与自己对抗		看见差异、了解生命进展与风光的不同，欣赏孩子，并在差异中找到共同点	
觉得被打败、生气、想掌握、使用越来越不真诚的方式或激烈手段		知晓挫折、接纳情境、不涉入权力斗争、稳住自己、找到可以放手与坚持的层次	

（续）

阴影亲子国度	0~10	慈爱亲子国度	0~10
看轻孩子或对孩子失望，感受不到被尊重而难受		对孩子好奇并感到惊喜，无论如何都珍惜并尊重孩子；感受到被重视与敬重	
要求与命令、指挥与服从		叮咛、领导、邀请、合作	
想逃		让自己休息，而心依然是敞开的	
扯后腿、破坏、嘲弄、使用暴力、伤害		支持、鼓舞、爱	

这里有个检核表（见表1），描述了阴影或慈爱亲子国度的风光。花点时间去感受每项内容吧，它提供了更高、更深的视野，让你检视亲子关系和自己的内在。若你愿意花三周的时间来做这功课，在每天检核后，带着慈爱，把那些阴影亲子国度的行为都带入爱中，那么三周后，你就能拥有一个“自我看见”的制高点——能站在更高的位置，不将陈年的“冲突三角情结”卷入，真实地看见自己在两个国度之间移动。

觉察本身即是光，通过没有批判的觉察，把抱持阴影态度的自己揽入爱中，就能一次次净化自己国土内的阴影，把慈爱带入。当国土境内的慈爱比例越来越高，慈爱国王拥有的领土也越来越广阔时，孩子在这样的环境中长大，自然会成为一个不放弃自我、不压抑本能，同时又能顾全大局的真实孩子。

慈爱国王的惯用语

有一次跟孩子玩时，我让他们玩“角色扮演”，我在小纸条上写了些句子，让他们练习回应。其中有个题目是“我不喜欢你”，让他们练习当别人说不喜欢自己时怎么回应。而孩子本能的回应很单纯：

“我不喜欢你。”“下巴掉了，说不出话来了！”
“我不喜欢你。”“为什么？”
“我不喜欢你。”“耶？？？”
“我不喜欢你。”“不喜欢就不喜欢，怎样啊？”
“我不喜欢你。”“不要这样嘛！”

接着，第二轮，我偷偷发给他们一张纸条，上面写着好玩的回应方式：

“我不喜欢你。”“我吓了一跳。”
“我不喜欢你。”“我听见了。”
“我不喜欢你。”“我在乎你。”
“我不喜欢你。”“我邀请你再试试看！”

“我不喜欢你。”“谢谢你！”

“我不喜欢你。”“我同意你。”

其中，“我同意你”最让孩子好奇、兴奋。“我同意你。”“我同意你。”……孩子们兴奋地念啊念，像是在学一个新词。

我问：“同意的是什么？”

孩子们纷纷动起脑筋来。在我的解说中，“不喜欢”是一种感觉，这绝对是主观的，我们可以对别人的感受轻松些，即使这些感受针对的是自己，也会放松些。然后，给出允许，允许他可以有这种感觉。“我不喜欢你。”“我同意，你可以有这样的感觉。”意思就是：“有这种感觉是你的自由与权利，我同意。”

对于别人的感受，从同意开始，两人的沟通就近一步了。接下来，我们要回到自己的内在想一想，对于这个不喜欢我的人，我有多么想要让他再喜欢上我。我们可以补上第二句：“我同意，你可以感觉不喜欢我。而我希望被你喜欢，这有可能吗？”

“我同意你。”“我同意你。”……那天，孩子们不停地念着这个句子，像是在学着长出新意识——一个“允许别人自由感受”的意识，一个“觉知自身权利”的意识。

第二年，我在演讲中分享了这个故事，台下的父母震惊了。有位母亲下课后来台前找我，掉着眼泪说：“最近，我念初中的儿子也常这样对我说，我好心痛，不知该怎么办。”我鼓励她回去说“同意”，然后，更好奇孩子要表达的是什么。除非深仇大恨，否则伤害母亲一般不会是孩子想要的。通常孩子在表达“我不喜欢妈妈”的背后，要说的是：“我希望妈妈改变。”“我需要更多的自由。”我们要先同意孩子的感觉，再接纳自己的受伤，对自己慈爱，接着，就能对新的改变敞开了。那一次演讲的三周后，这位母亲在下课后走上前来对我说：“老师，我回去后就开始练习对儿子说‘我同意’。说了 10 天以后，本来已经不太跟我讲话的儿子，话变得多了起来，我们母子的关系变好了。这真是太神奇了！”

“我同意”是慈爱国王的惯用语之一。慈爱国王坐在对自己慈爱的宝座中，他会负责慈爱地照顾不被孩子喜欢、受伤的自己，于是他可以很从容地说：“我同意，孩子，你可以拥有各种感觉。”在孩子表达他各种奇妙的意见时，他可以说：“喔，我同意。”“在……我要补充点不同角度的看法……”当孩子说起学校的状况时，可以说：“我同意，而且我欣赏你做得很好。”当孩子带着挫败，拿着不及格的考卷回来，可以说：“我同意，这真是一张让人挫败的考卷。我也认同你已经够努力了，不过，我想提议，我们来看看这些题目好不好？”慈爱国王的惯用语，展现出了安稳坐在慈爱中的父母的从容，而孩子会在这样的言语引导下，拥有更多被信任的感觉和自我肯定，也会长出对自己的慈爱来。

表 2　慈爱国王的惯用语

我看见你……	我感受到你……
我同意……	我提供……
我珍惜……	我欣赏……
我有不同的意见	我请求……
我的底线是……	我的需要是……
我听见你……	我了解你……
我支持……	我允许……
我感谢……	我喜欢……
我提供新视角	为了守护……我不支持
我的感受是……	我为你祈祷

这里有 20 个句子（见表 2），是慈爱国王的惯用语。请找出几个你没使用过的语句，纳入日常语言习惯中吧，去体验看看会带来什么影响。挑选出你喜欢或好奇的，每三天练习一个句子，把这慈爱的力量带回你自身，带回你的亲子关系，带回你的领土。这些句子来自一位坐拥慈爱领地的真诚国王的信心，可以让孩子被从容地看见、听见、感受与了解。这个国王深知赋予荣耀对生命有多么重要，于是能够给予赞同、支持与许可。这个国王知晓

这些这些生命的体验来自生命本身，所以，他是谦卑的，能尽量摒除个人偏见，给出喜欢、欣赏、珍惜与感谢。这个国王为更大的视野、更神圣的视角服务，并守护真实，因此会表达底线，提出新的视角、不同的意见，会表达不支持。这个国王是可亲的、真实的，有感受、需要，可以表达、请求。最后，这个国王随时保持与神圣生命的联系，可以给出祈祷。

慈爱国王，是一个人格面向的比喻，它守护着自身内在的完整。将自身的完整作为追寻的梦想，让每个麻烦时刻都成为自身人格统整的修行。在此比喻下，我提供了不同的意识工具（守护心灵的 12 个甜蜜游戏），用来支持这个人格的建立与茁壮成长。

祝福你，亲爱的国王。

第 12 章

守护心灵的 12 个甜蜜游戏

大人比孩子多的是社会能力与社会成熟度，而孩子也比大人少了框架的“固着”。无论何时，大人总是可以从孩子身上得到一份支持，从社会框架的“固着”中暂时解脱，变得自由些、快乐些。

孩子的心灵很自由，虽然心智还没成熟，但也因为少了心智对心灵的遮蔽，而能轻易使用自由心灵的力量。然而，这样简单的力量，经常在孩子心智发展成熟后，被理性遮蔽住。理性力量，会带给现实生活很多支持，但也会让人遗忘了原本的心灵力量。现今的社会依然充满了对现实需求的认可，因此，我们需要有意识地通过一些游戏，让孩子在发展社会成熟度的同时不失去与真实内在的联系，让孩子在发展认知能力的同时维持着心灵力量的蓬勃。

游戏1　无论……我都一样爱自己

旦旦进入小学三年级后，学校压力忽然大起来，常常会说：

妈妈，我会考零分。
妈妈，我会跑最后一名。

或是学期刚开始就说：

妈妈，我们的社团期末要表演，我好紧张啊。

通常，在这些时候，除了接纳与聆听之外，我会带她做一个动作——用右手的三个指头轻敲自己的胸口正中央，然后对自己说：

无论考多少分，我都一样爱自己。
即使考零分，我也一样爱自己。
如果我跑最后一名，我还是一样爱自己。
无论跑第一名还是跑最后一名，我都一样爱自己。
紧张的时候，我爱我自己。

这是个超好用的用正向能量支持自己的方法。

家长也可以像我这样，敲敲自己的胸口，对孩子说：

> 无论你考多少分，我都一样爱你。
>
> 无论你跑最后一名还是第一名，我对你的爱都一样多。

于是，这无条件的爱，就有了双重的守护。

游戏 2　点亮爱的光

跟孩子说："你的心里有光，这就是爱的光，有时你能看到或感觉到这光的颜色。"说这话时，可以让孩子用手摸摸自己的胸口正中央，然后，问问孩子可以感受到吗？看得见吗？保持开放，无论孩子说什么，都欣然接纳。

可以点亮一支蜡烛，让孩子邀请蜡烛的光来照亮自己的光，来让自己看到或感觉更清醒。或是，让孩子玩一玩，当被抱抱、对人说"我爱你"、朗诵"神是爱"的咒语时，心中的光有没有变化？

当孩子熟悉"点亮自己的光"这一概念后，可以提醒孩子："妈妈或爸爸生气时，那是我们心中的光被熄灭了，这时你若感到害怕，要记得，不要把注意力放在爸妈的生气上，而要把注意力放回自己的内心，记得点亮自己的光，因为这就是你心中的爱。无论何时，我们的爱都在这里，不会因为周围的人有没有生气而消失不见。”让孩子明白，无论在学校发生什么事情，不开心的时候，或害怕的时候，都可以通过点亮自己心中的光，回到平静。

让孩子知道，这内心的光有神奇的力量。有梦想的时候，把梦想带到这光中，梦想会因此更有力量，甚至可以让这光变得更大，让全身都被照亮。或是，当自己生气或遭遇挫折时，可以把生气与挫折带到自己的光里面，生气就会得到爱而变成支持自己的力量。

如果孩子已经熟悉并熟练扩展心中的光了，还可以教导孩子：如果在学校想要跟人交朋友，可以先用爱的光去触碰对方。因为爱的光可以变得很大很大，就像照亮的灯光不会被灯泡的大小限制住，可以照亮整个房间一样，你心中的光也可以照亮更大的范围，用你的光去碰触朋友是一种爱的表达，也是给朋友爱的支持。还有，要知道爱是一种力量，如果老师生气了，除了先用爱支持自己的害怕或紧张，想让爱变得更大，就要稳住自己的力量。

如果孩子大点了，而你也信任、允许孩子自己可以点亮蜡烛——可以在需要的时候，为自己、为朋友，甚至为大地、为国家点燃一盏蜡烛。点火之前，先回到内心点亮自己心中的光，然后这样祈祷：

我用自己的爱与光，点亮这蜡烛。亲爱的圣母玛利亚，谢谢你透过这光照亮我、守护我。

我用自己的爱与光，点亮这蜡烛。谢谢宇宙的爱与光来到这火，用火照亮我的同学 ×××，照亮他的心，照亮他父母的心，让他可以安心念书、好好生活。

游戏 3　爱的语言游戏

父母可以跟孩子玩一个叫作“爱在哪里？光在哪里？”的语言游戏。

一开始，玩这个游戏可以选在美好的大自然——那些最能感应、感受到神或爱与光的地方，日出时，平静辽阔的海边、鸟语花香的花园等。

“神在哪里啊？”“神在日出的地方。”

“爱在哪里啊？”“爱在蜜蜂飞舞的振动中。”

“光在哪里啊？”“光在湖面的水花中。”

“神在哪里啊？”“神在狗狗摇摇尾巴对你笑的地方。”

“爱在哪里啊？”“爱在妈妈看你的眼睛里。”

“神在哪里啊？”“神在早晨吹来的风中。”

“光在哪里啊？”“光在你对自己充满信心的地方。”

“爱在哪里啊？”“爱在我们现在吃的西瓜里。”

“神在哪里啊？”“神在地球妈妈的土地上，在绿色的草地、红色的玫瑰、海边一大片沙子与石头上。”

游戏可以是一种语言游戏，开车的时候，大人问，小孩回答；小孩问，大人回答。

可以用充满韵律的语言来说话，我们的声音振动，非常有趣而充满爱。

可以一直玩到尽兴为止。

游戏4　与孩子在精神层次的连接

父母常会说：“看着孩子睡着了，觉得他们好可爱，好爱好爱他们。可是，当他们很顽皮或很烦人的时候，就感觉不到自己对他们的爱了。”这时候，父母就得明白，每当感受不到自己的爱时，就是落入幻象中，被自己内在的期待或担忧给打晕了，忘了自己那无比的爱所拥有的力量。

这时候，在精神层面与孩子连接，最容易找回自己的爱，就可以随时看到孩子和自己可爱的样子，不用等到孩子睡着，或是自己温柔或心情好的时候。

精神层次的连接，就是闭上眼睛，用自己熟悉的方式让自己沉入内在，可能是做几个深呼吸，或听一段好音乐，然后可以想象孩子在我们面前。请留意内在沟通的各种线索：有人是视觉型的，可以在心中看见孩子的样子；有人是感受型的，内心会有很多感情在流动；有人是身体型的，可能看不到或不一定情感丰沛，但身体会感受到一种流动或是放松感；有人是听觉型的，可能会“感觉”到可以在内在与孩子对话；有人就是单纯知道：“啊，我知道自己与孩子连上了。”这种精微能量的联系与沟通是需要练习的，带着对自己的信任，越练就会越熟悉喔！

当我们在内在感受到孩子已经在我们面前时，就可以用心来和孩子接触。

可以表达：“我爱你。”

可以表达：“我为今天的行为说抱歉，要谢谢天使把那些对你的伤害擦去、洗干净，那不是妈妈的本意。”

可以问孩子：“你想要……吗？”“想问问你身体的智慧，最近需要吃什么东西，好让身体更健康、平衡。”

可以表达：“孩子，谢谢你与我们分享你的快乐与光。”“孩子，我好欣赏你今天的样子。”“孩子，无论你考几分，我都一样爱你。”

游戏5 让孩子连接自己的天堂

带孩子躺在夜晚的星空下，带孩子看星星，或是守候流星，然后跟孩子说：“天上有一颗星星，是你来的地方，还有，我们去过很多星星旅行。”让孩子用心去感觉，用直觉选择那颗星星在什么方向，让孩子用心去连接。若要更深入一点，可以让孩子闭上眼睛，点亮心中的光，然后要孩子扩大自己的光，直接连接天上的星星，连接自己的天堂。睡前，如果这些句子让你触动与安心、让你喜欢，可以这样带孩子祈祷：

谢谢我地球的家人健康快乐，我们一起长大。

谢谢我天堂的家人永远守护我，用光教导我。

谢谢我的天堂，谢谢天上的星星，你们是我灵魂的家乡，谢谢你们的光继续守护我、陪伴我、照顾我。

游戏6　让孩子画出自己的光

摊开一张很大的海报纸，让孩子躺在上面，用铅笔或蜡笔描绘出孩子的身体外形。可以请孩子躺成“大”字，或是侧躺摆一个姿势。要注意，纸张的大小必须可以容纳孩子伸直手臂的范围。然后，我们就可以在这张纸上作画，让孩子用蜡笔（块状的很适合）或粉彩（假设你不怕孩子弄脏），在他的身体或身体的周围涂抹上颜色。可以请孩子闭上眼睛看自己，跟孩子说：“画出你自己的光吧！”

不要太严肃或认真，甚至上面可以有符号，有象征的图案。即使孩子画出来的颜色有灰色或黑色，也不要用理性的头脑来紧张或过度询问。只要把这幅画带入自己爱的光中，无论是明亮的或晦暗的，一律都是我们的挚爱。

这个游戏可能无法一次完成，第一次大概描绘出身形，大致画一些颜色、能量就够了，然后贴在墙壁上，或者放置在家里的空房间里。心情特好、精神清明时，再继续完成：可以在一个特殊事件结束（可能是庆生后或旅行回来），让孩子在我们的身形图上作画；也可以在自己不小心发了脾气后，请孩子一起在这张图的气场或身体位置作画。

游戏7　在自由中想象身体

网络上有一部精彩的短片，短片里访问了50个成人，问了一个简单的问题："你最想要改变身体的哪里？"受访者安静了一会儿，纷纷说出自己想改变的地方：

我想要皮肤不再有湿疹的困扰。
我想要更大的眼睛。
人家都叫我大头，我想让额头小一点。
我希望妊娠纹可以消失。

这影片接着访问了一群孩子，年龄在3~10岁。孩子们用各种逗趣的表情，这样回答：

我想要一条美人鱼尾巴。
我想要一张鲨鱼的大嘴。
我想要有一双翅膀可以飞。
我想要有尖尖的耳朵。
我想要像猎豹一样的腿。

你有没有发现，这些随机的取样却呈现了系统的差异——成人往往以自己的匮乏或缺点出发，孩子则都是从圆满心出发，想要的都是神奇的、更大的美好。

找一张大纸，让你的孩子躺在上面，也许是张开双手呈“大”字型躺着，也许是侧身弯着身体，然后描绘出他的轮廓。接着，大家在轮廓里面作画，无须特意画上眼耳鼻口，而是在全身画上彩色图案、抽象线条，或是当作花园一样，在上面彩绘。一张画可以画好些日子，然后画的时候可以聊天，可以随口称赞孩子的美丽。而最精彩的一天，是画完后让孩子许个愿，在图上加上他的心愿。

如果，有件神奇的事情会发生，你想要改变什么？

也许，孩子会画上翅膀；也许，会给自己画上一条尾巴；也许……

然后，可以玩耍，用想象力飞翔，一起进入那神奇的世界。

游戏 8　把颜色带入孩子的房间

让彩虹的颜色环绕，可以支持孩子连接自身的光，维持创造能量。让这些美丽的色彩成为一种共鸣，支持孩子一直与内在的彩虹连接。让孩子在纸上画彩虹，用各种颜料来玩耍，水彩、蜡笔、色铅笔、粉彩等。

父母可以在孩子房间的墙壁上，或在孩子的衣服、椅子、书桌上画上彩虹。

其实，大自然的元素都能支持我们与神性连接：

天空、云朵、花儿、星星、太阳、月亮……

天使、精灵、光束、绿地、森林、大树……

这些都是用来布置空间的好元素。虽然住在都市里不易实现，然而我们都明白，拥有一扇可以与自然连接的窗户，一扇可以让风进来、可以迎接阳光和月亮的窗户，是一件多么美好的事情。

等孩子大点了、有能力了，可以订个短期计划，更换房间的色彩。与孩子一起规划，一起设计，一起采购，让孩子亲自动手参与。在这个过程中要鼓舞孩子：刷油漆的秘诀是，做好基本准备（贴胶带、地板铺报纸）之后，第一层漆的笔触可能很乱，第二层加上去就会有成就感。大胆些，让孩子有个年度或季节性的小变化，把颜色带入自己的空间中，像个国王或女王一样，拥有自己的色彩。

游戏 9 为孩子写“来自天堂的信”

圣诞节现如今已经成为一种文化，无论是不是有宗教信仰的家庭，都因这几年商业世界的推波助澜，进入了礼物及圣诞老人的文化。孩子期盼的是惊喜的礼物、无比美好的圣诞老人的想象，还有节庆的祝福。

然而，在我这里，圣诞老人是恩典的能量，是丰盛的恩典。用漂亮的卡片、美丽的信封、带花纹的信纸，写一封“来自天堂的信”给孩子。这封信一定要充满感恩，充满无比的祝福和信任。若孩子犯错了，给予宽恕；若孩子有了很棒的表现，给予庆祝。这样的信不要太频繁出现，一年最多三四次，而且要慎重且用心。

这封信最好无预警地传递给孩子。以下提供一些点子：

藏在孩子的枕头下，通过邮差寄回来，藏在生日蛋糕盒的夹层，夹在孩子会阅读的书中，换季前放在冬季大衣的口袋里，藏在孩子的雨靴里，用一小束花衬托着直接放在孩子的书桌上，用一小盏烛光陪伴着直接放在早晨刷牙的浴室里。

游戏 10 猜拳、捏捏脸，召唤甜甜的爱

我不知道大男孩爱不爱玩这类游戏，至少，小孩子及女孩会喜欢和妈妈玩这类游戏：两人猜拳，赢的人可以轻捏对方一下。在我们家，以下部位可以被捏：鼻子、左脸颊、右脸颊、前额、下巴（以上顺序不定），然后两耳一起、轻拍两肩膀；最后，在胸口正中央拍一下，谁先拍到对方的胸口，谁就赢了。

女儿和我经常在这样的时刻玩这游戏：坐车无聊的时候，两人小吵架后想要和好的时候，她稍微不开心或刚睡醒发呆的时候，久别重逢有点认生的时刻，放学回来表示欢迎打招呼的时候。

这个游戏因为带着输赢的味道，所以会有乐趣；因为是轻捏触碰，所以会带来亲密。玩的时候带着爱，专注地看着对方，捏捏他。其间逗趣的脸蛋、大大的微笑，会为两人的关系带来许多甜美的爱。

游戏11　打招呼仪式

男孩或活泼外向的女孩多半会喜欢这个游戏。如果说上一个游戏用来召唤两人之间甜甜的爱，那么这个游戏则用来召唤朋友的四海情谊。这个打招呼的仪式很有兄弟气，有点帮派的味道。如果孩子和爸爸一起住，最好让爸爸加入；爸爸也很投入的话，就让爸爸发起这仪式，跟孩子一起做：

握拳对敲，敲两下或敲个节奏，是一种；

双方脸对脸，双手皆放在对方的太阳穴上，对碰前额，是一种；

两人的右手碰右手，左手碰左手，双手击掌，也是一种；

跳起来，胸撞胸，这一种则适合男孩与爸爸打招呼。

玩这个游戏的重点是要带着“欢喜见到彼此”的情谊，在恰当的时候，把这样的仪式带回家里。然后，仪式会反过来成为提升情谊或化解小冲突的疗愈动作。

游戏12　感恩和祝福

有机会就带着孩子感恩和祝福：

我感恩自己这一天，感恩我跑步跌倒的时候，感恩我举手答对的时候，感恩我午餐吃太饱，感恩我下课玩得开。

我感恩自己这一天，感恩早上很冷的天气我骑自行车，感恩我忘记今天要考试结果考得不好，感恩今天功课太多写得好累，感恩这一天该做的都完成了，我们要睡觉了。

我祝福班上的××同学，祝福他的伤明天可以好起来。

我祝福家里的猫咪，祝福猫咪健康快乐。

我感恩自己不偏食爱吃青菜，感恩这一天我已经完成的所有事情。

我感恩今天写不出来的考卷、没有吃完的便当，还有没写完的作业。

我祝福班上那个很凶的同学，还有那个被欺负的同学，祝福他们的温柔和强壮。

我祝福自己的今天，祝福我等一下要面对的跳远测验，祝福我今天想要画完的卡片。

我祝福路边的车祸不会伤及他们，谢谢天使帮助他们。

我祝福自己每天都健康。

我祝福会生气的妈妈，也祝福温柔的妈妈。